西北民族大学中央高校基本科研项目“双碳背景下民族地区数字经济推动城市低碳转型与绿色发展研究”（编号：31920220029）

数字经济与管理学位授权点学科建设

“双碳”目标下
数字经济赋能城市绿色发展

齐英瑛◎著

中国社会科学出版社

图书在版编目（CIP）数据

“双碳”目标下数字经济赋能城市绿色发展/齐英瑛著．
—北京：中国社会科学出版社，2024.3
ISBN 978-7-5227-3251-0

Ⅰ．①双…　Ⅱ．①齐…　Ⅲ．①信息经济—关系—城市经济—绿色经济—经济发展—研究—中国　Ⅳ．①F49 ②F299.21

中国国家版本馆 CIP 数据核字（2024）第 051765 号

出 版 人　赵剑英
责任编辑　谢欣露
责任校对　周晓东
责任印制　王　超

出　　版　中国社会科学出版社
社　　址　北京鼓楼西大街甲 158 号
邮　　编　100720
网　　址　http://www.csspw.cn
发 行 部　010-84083685
门 市 部　010-84029450
经　　销　新华书店及其他书店

印刷装订　三河市华骏印务包装有限公司
版　　次　2024 年 3 月第 1 版
印　　次　2024 年 3 月第 1 次印刷

开　　本　710×1000　1/16
印　　张　9.5
字　　数　130 千字
定　　价　49.00 元

凡购买中国社会科学出版社图书，如有质量问题请与本社营销中心联系调换
电话：010-84083683

前　言

城市是人类社会经济活动在特定地理位置上的连片集中区域，是由人口、产业、交通、资源、环境等要素所构成的一个空间系统，是集政治、经济、文化、社会和生态发展于一体的综合有机体。作为人类的主要聚居地和区域发展的极核，城市浓缩了特定区域内最优质的资源，代表着一个国家或一个地区国民经济的发展水平与未来方向。在工业化加快推进的时代，为了快速实现人类物质文明极大丰富，在无休止的资源开发与利用过程中，人类也付出了巨大的生态环境代价，“能源利用效率低、环境承载压力大、资源环境约束突出”等问题不仅使资源过早枯竭，而且使土壤、河流、空气污染加剧，城市生态环境不断恶化，对全体人民的生活安全和经济社会可持续发展构成了严峻的挑战和极大的威胁。所以，加快城市生态环境保护和生态文明建设，促进城市绿色协调发展，构建全民美好生活新空间，已经成为国家的一项重大发展战略。

长久以来，中国在资源节约和环境保护方面做出了前所未有的努力和贡献，并在应对气候变化方面为世界各国树立了良好形象和积极示范。2020 年 9 月，中国国家主席习近平在联合国大会上提出，将提高中国对环境保护的贡献程度，采取更加有力的政策和措施，二氧化碳排放力争于 2030 年前达到峰值，努力争取 2060 年前实现碳中和。“双碳”目标的制定，不仅体现出了我国将减少温室气体排放作为环保工作中的优先选项，而且还说明了我国坚持推动高质量发展的决心和信心。与此同时，伴随物联网、大数据、人工智能、智能制造等新一代信息技术的深化应用，我国出现了以数字经济为代表的新型经济业态，数字经济作为目前我国经济发展进程中较为活跃的一个新兴事物，其与城市经济绿色融合发展既是当前经济社会的基本事实，也是未来我国政府在治理城市生态环境中聚焦的一个重要方向。特别是在“双碳”目标下，数字经济在家庭消费、产业投资、劳动力就业、企业绿色生产等方面均发挥着十分重要的作用，其无疑是赋能城市绿色发展的一个重要引擎。未来一个时期内，中国将借助数字经济力量赋能城市绿色发展，提升产业数字化、智能化、绿色化发展水平，这对于构建绿色低碳循环经济体系，实现“双碳”目标而言具有十分重要的理论与实际意义。

数字经济赋能城市绿色发展是一个具有综合性、系统性、复杂性的课题，需要结合研究对象的特殊性、研究方法的适用性、研究数据的可得性展开深入研究。本书主要遵循“问题提出→理论研究→现状分析→实证检验→政策建议”的研究逻辑顺序。

首先，结合当前“双碳”目标下城市绿色发展的现实背景和选题意义，阐明了本书所要研究的具体对象、研究内容、研究方法和研究新意等相关内容。与此同时，对“数字经济”这一核心概念进行了严格界定，明确了本书的具体对象，论述了数字经济在世界范围内的发展历程及其现阶段所面临的挑战，讨论了数字经济带来的新技术、数字经济改变组织形式和数字经济颠覆商业模式三个方面内容。

其次，在充分考虑我国城市绿色发展过程中可能存在的环境约束条件，利用经典的环境经济学相关理论分析范式，研究中国城市绿色发展与“双碳”目标实现之间的关联性，明晰数字经济对城市绿色发展影响的理论机制，构建数字经济影响城市绿色发展的理论框架。进一步地，描述了数字经济与城市绿色发展深度融合的理论、现状与问题，从学理上揭示了数字经济赋能城市绿色发展的理论机制，测度了中国数字经济发展水平和城市绿色发展水平两项指标。进一步地，本书运用经典的计量经济学理论，定量分析了数字经济对城市绿色发展的影响以及通过绿色技术创新这一作用机制的具体路径。

最后，总结本书的理论与实证研究结论，并提出政策建议。

本书针对"'双碳'目标下数字经济如何促进城市绿色发展"这一问题展开研究，从数字经济这一新兴的视域阐释了城市绿色发展对于"双碳"目标实现的重要内涵，揭示了数字经济影响城市绿色发展的理论机理，建立了一个有关数字经济和城市绿色发展的理论分析框架，为清晰地理解二者之间的关系提供理论依据。同时，本书结合中国地级市数据资料，分析了城市绿色发展的现状、机制、路径、效果，测度了数字经济规模与城市绿色发展水平。总体而言，本书以实现城市绿色发展作为主要目标，结合我国现有的资源禀赋、生态环境和数字经济发展情况，通过对城市绿色发展情况进行分析，能更加清晰地了解城市绿色发展的现实情况和存在的问题与短板，探究在"双碳"背景下，如何通过数字经济赋能城市绿色发展。我们期待本书能够为政府决策提供支撑，为实现城市绿色发展提供思路。我们相信在党和政府的引领下，未来一定能够顺利实现城市社会经济与生态环境之间的协调可持续发展。

齐英瑛

2023 年 12 月 2 日

目　录

第一章　绪论

第一节　研究背景

1978年，中国实施改革开放后，经济取得了一系列举世瞩目的伟大成就，现已成为世界第二大经济体、第一大货物贸易国与第一大制造业大国，这也被一些学者称为“中国经济奇迹”。同时，在中国经济取得“跨越式”发展的过程中，城市生态环境也受到了相当程度的破坏和污染，这威胁到了城市社会经济和谐发展任务的顺利完成。以中国二氧化碳（CO_2）排放总量来看，根据国际能源署（IEA）最新公布的数据资料显示，2021年，中国CO_2排放量超过119亿吨，占全球CO_2总排放的33%，这无疑给人们日常生活、产业发展和自然生态等带来了明显的负面影响，长期来看，还会对人类健康造成一定威胁。从能源消费总量来看，2021年，中国能源消费总量高达52.4亿吨标准煤，比2020年增长5.2%，日常的能源消耗量巨大直接导致我国能源依赖对外进口程度不断加大。此外，从城市空气质量来看，2021年，我国339个城市的空气质量达标率为64.3%，仅有218个城市空气质量达标（韩晶等，2022）。这时刻提醒我们，在加快城市经济社会发展的同时，需要进一步统筹做好城市生态环境保护，并以此为基础促进城市低碳、绿色、可持续发展是十分紧迫而必要的。

中国历来重视资源节约和环境保护，并在应对气候变化方面做出了前所未有的努力和贡献。2020 年 9 月，中国国家主席习近平在联合国大会上提出，将提高中国对环境保护的贡献程度，采取更加有力的政策和措施，力争于 2030 年前 CO_2 达到峰值，努力争取 2060 年前实现碳中和。“双碳”目标的制定，不仅体现了减少温室气体排放是环保工作中的优先选项，而且还说明了我国坚持推动高质量发展的决心和信心。不仅如此，2022 年 10 月 16 日，习近平总书记在党的二十大报告中明确强调，要牢固树立和践行“绿水青山就是金山银山”的理念，站在人与自然和谐共生的高度谋划发展，着力促进经济社会发展的全面绿色转型。因此，深入推进中国城市绿色发展无疑成为经济高质量发展的内涵之一。未来一段时期内，中国将借助数字经济力量赋能城市绿色发展，提升产业数字化、智能化、绿色化发展水平，构建绿色低碳循环经济体系，这对于实现“双碳”目标来说具有十分重大的意义。

面对日益趋紧的资源生态约束，大力推进城市绿色发展无疑是生态文明建设取得新进步的应有之义，同时也对实现党的二十大报告中提出的“加快发展方式绿色转型，实施全面节约战略，发展绿色低碳产业，倡导绿色消费，推动形成绿色低碳的生产方式和生活方式”而言意义重大。总的来看，城市绿色发展主要以高效率、低污染、低损耗的绿色模式实现经济增长。近年来，数字经济发展浪潮正在席卷全球，成为重组要素资源、重塑经济结构、改变竞争格局的关键力量。毋庸置疑，当前数字经济已经成为中国经济发展过程中相当活跃的一个新兴领域，数字经济与经济绿色融合发展是当前经济社会的基本事实，也是我国实现高质量发展的一项重要战略。在“双碳”目标下，数字经济在家庭消费、产业投资、劳动力就业、企业绿色生产等方面均发挥着十分重要的作用，其已经成为城市绿色发展极其重要的引擎之一。根据学者李晓华（2019），荆文君和孙宝文（2019），裴长洪和倪江飞（2019），刘军、杨渊鋆、张三峰（2020）等对“数字经济”的定义，数字经济主要是指将数字化的知识以及信息作为关键的生产要素，主要包括数字化的知识与信息识别—选择—过滤—存储—使用，从而有效引导和实现资源的快速优化配置与再生以及经济高质量发展的经济形态。当前，中国数字经济的爆发式增长与城市经济深度融合已成为助推社会经济高质量发展的内在选择和强大动力（李辉，2019；刘淑春，2019；丁志帆，2020；焦勇，2020；胡士华、黄天鉴、王楷，2022；周磊和龚志民，2022；杨孟阳和唐晓彬，2023）。

第二节　研究意义

本书基于数字经济发展的现实背景，在“双碳”目标下探究数字经济赋能城市绿色发展的相关问题，这对于“推动绿色发展，促进人与自然和谐共生”来说，具有十分重大的理论意义和现实意义：

第一，从理论层面来看，本书针对“‘双碳’目标下数字经济如何促进城市绿色发展”这一问题展开研究，从数字经济这个比较前沿的领域探析城市绿色发展的现状、机制、路径、效果，科学测度了数字经济规模与城市绿色发展水平，深入阐释了数字经济与城市绿色发展之间的理论机制，从而建立了一个有关数字经济和城市绿色发展的理论分析框架。这一理论框架的建立，能够帮助我们清晰回答数字经济究竟如何实现城市绿色发展，从而为我们清晰地理解二者之间的关系提供理论依据。

第二，从现实层面来看，本书以实现城市绿色发展作为主要目标，结合我国城市所拥有的资源禀赋、自然生态环境和数字经济发展等相关情况，通过对城市绿色发展效率进行现状分析，揭示当前我国城市社会经济建设发展过程中所面临的机遇和挑战，从而更加清晰地了解我国城市绿色发展的现实情况以及存在的问题与短板，从而探究在“双碳”背景下，如何通过数字经济来实现城市绿色发展。总的来看，本书所开展的研究有助于为实现城市绿色发展提供思路，有助于为实现城市与经济社会和生态环境之间的协调可持续发展提供理论依据，有助于为实现城市经济发展和生态环境保护提供可行路径，从而为推动城市绿色发展制定更加科学的策略和政策建议。

第三节　研究内容

实现“双碳”目标是一场广泛而深刻的变革，需要借助先进的、科学的技术手段来加快这一目标的实现。为此，本书根据研究主题，运用经济增长理论、产业发展理论、绿色经济理论、循环经济理论以及可持续发展理论等重点探讨数字经济如何赋能城市绿色发展，以及厘清二者之间所存在的具体传导机制。总的来说，本书是典型的问题导向型研究，主要遵循“问题提出→理论研究→现状分析→实证检验→政策建议”的总体研究逻辑和顺序，具体可以划分为以下七个核心部分：

第一部分为绪论。本部分主要结合当前“双碳”目标下数字经济赋能城市绿色发展的现实背景和研究意义，阐明了本书的研究对象、研究内容、研究方法和研究创新等相关内容。

第二部分为数字经济的概念范畴与发展特征。首先，本书对数字经济这一核心概念进行了严格界定；其次，本书论述了数字经济在世界范围内的发展历程及现阶段所面临的挑战；最后，本书讨论了数字经济带来的影响与革新，主要包括数字经济带来新技术、数字经济改变组织形式和数字经济颠覆商业模式三个方面的内容。

第三部分为“双碳”目标下数字经济赋能城市绿色发展的理论框架。本书在充分考虑城市绿色发展的环境约束条件下，采用经典的环境经济学相关理论分析范式，研究中国城市绿色发展与“双碳”目标实现之间的关联性，以探索推动城市经济快速发展和能够使城市生态环境得到充分保护的具体路径，这是我国各级地方政府始终需要面对的挑战和要解决的重大难题。其次，本书研究了“双碳”目标下数字经济赋能城市绿色发展的理论机理，阐释了数字经济通过绿色技术创新赋能城市绿色发展的作用机制，构建了数字经济发展与城市绿色发展之间的理论研究框架。

第四部分为数字经济与城市绿色发展：现状、趋势与案例。首先，本书通过测算2011—2019年中国城市数字经济发展指标，对中国数字经济发展态势与问题展开详细分析，从而为后文实证研究打下基础。其次，以中国城市绿色发展指标体系为基准，分析了2011—2019年中国城市绿色发展的现状、趋势及特点。最后，本书围绕数字经济在中国甘肃省的城市、城区、制造业发展状况，深入研究数字经济赋能城市绿色发展的实际案例，以此进一步加深我们对中国数字经济赋能城市绿色发展现实的理解程度。

第五部分为数字经济赋能城市绿色发展的影响效应分析。本书在明晰数字经济对城市绿色发展影响的理论机制基础之上，基于经典的计量经济学理论，通过构建数字经济影响城市绿色发展的计量模型，分析了2011—2019年数字经济影响城市绿色发展水平的作用方向和效应大小，明确了数字经济与城市绿色发展之间的因果关系。与此同时，本部分还通过引入面板校正标准误模型（Panel Corrected Standard Errors，PCSE）、基于可行广义最小二乘法的面板模型（Feasible Generalized Least Squares，FGLS）和系统广义矩估计法（System-GMM）等进一步验证本章研究结论是否具有稳健性、严谨性和可靠性，从而为后续政策建议提供较为坚实的经验支持。

第六部分为数字经济赋能城市绿色发展的中介效应分析。本书基于第三部分数字经济通过绿色技术创新赋能城市绿色发展的理论机理，利用经典的计量经济学理论，构建了数字经济、绿色技术创新与城市绿色发展的计量模型，分析了2011—2020年276个城市数字经济发展通过绿色技术创新影响城市绿色发展的作用方向和效应大小。此外，本部分还通过替换核心变量、采用不同方法以及选择相应的工具变量来进一步验证了研究结论的稳健性、可靠性和严谨性。

第七部分为总结。总结本书理论与实证的研究结论，通过借鉴国内外城市绿色发展所取得的成功经验和先进做法，从数字经济发展理念、数字技术创新能力、数字经济推动传统产业转型升级、政府数字化转型、加快新型基础设施建设等角度提出促进城市绿色产业发展的政策建议，并指明本书未来可以进一步深化的内容和方向。

第四节 研究方法

无论是实务界还是学术界，研究数字经济赋能城市绿色发展是一个具有综合性、系统性、复杂性的课题。有鉴于此，本书在结合数据可得性、研究对象特殊性、研究方法适用性等基本原则的基础上，将基于下面四类方法展开相关研究：

一是归纳与演绎分析法。归纳分析主要是研究者结合自身实际经验、主观认知及分析能力对事物或数据的性质、特征以及发展趋势进行整理、总结，从而凝练出新的结论和认识。演绎的本质则是在一定的前提假设下，通过逻辑推导出理论模型或分析框架来揭示现实经济活动。本书对数字经济赋能城市绿色发展过程的研究正是由归纳与演绎的不断配合而组成。

二是理论分析法。本书结合中国城市经济发展过程中普遍存在的“高投入、高能耗、低效率”现象，根据中国城市数字经济、基础产业、生态环境发展的实际情况，通过借鉴国内外先进的经济学理论，严格界定了数字经济、城市绿色发展等相关概念，阐释了数字经济与城市绿色发展之间的理论关联，从而构建了一个完整的数字经济影响城市绿色发展的理论分析框架，借此明晰二者之间的理论逻辑关系。

三是统计分析法。本书结合常用的数学统计方法，分析中国数字经济和城市绿色发展水平的现状等方面，构建了数字经济指标体系和城市绿色发展效率指标体系，通过分析数字经济和城市绿色发展效率统计学意义上的趋势特征，揭示了数字经济和城市绿色发展在具体数量上的变化情况和规律，从而对中国数字经济和城市绿色发展特点、趋势和差异进行了详细的分析。

四是计量分析法。计量分析方法主要是用来探析变量之间所具有的经济相关性。本书在第五章以及第六章实证分析数字经济影响城市绿色发展及其作用机制时主要采用了计量分析法，期望通过本书所收集到的地级及以上城市的面板数据来验证理论猜想，将数字经济赋能城市绿色发展的理论分析与实证结果紧密结合在一起，力争在一定程度上验证理论研究的科学性。需要进一步说明的是，本书在实证分析过程中，主要利用 Eviews 9.0 软件、Stata 15.0 软件、Spss 20.0 软件等实现。

第五节　研究创新

目前，学者对数字经济与经济增长（葛和平和吴福象，2021；张蕴萍、董超、栾菁，2021；田秀娟和李睿，2022）、数字经济与产业结构升级（郭炳南、王宇、张浩，2022；张凌洁和马立平，2022）以及数字经济与绿色全要素生产率（张帆、施震凯、武戈，2022；张圆，2022；张英浩、汪明峰、崔璐明、匡爱平，2022）等相关领域进行了深入的研究，这为本书开展后续的研究工作奠定了坚实的基础。

相较于已有研究，本书的创新主要体现为下述三个方面：

第一，构建了数字经济影响城市绿色发展的理论分析框架。本书首先立足于外部性视角，对经济发展与生态环境之间的理论关系进行深入探讨，分析了城市绿色发展的环境溢出效应，城市绿色经济发展对于实现“双碳”目标的重大意义、基本准则和重要作用。本书阐释了数字经济赋能城市绿色发展的理论机制，并提出了相应的理论研究假说，这为深入剖析二者之间的理论关系提供了基本的理论基础和研究框架。

第二，描述了中国数字经济和城市绿色发展现状。本书通过构建城市数字经济发展水平指标体系，分析了2011—2019年中国276个城市数字经济发展的整体现状，并对不同区域数字经济发展状况进行了分析。与此同时，本书根据习近平总书记关于推进生态文明建设的重要战略思想，构建了城市绿色发展水平的评价指标体系，客观分析了2011—2019年中国276个城市绿色发展水平现状，从全方位角度了解城市绿色发展现状、趋势和特征，从而为我们理解数字经济和城市绿色发展的实际状况提供了较为可靠的现实依据。

第三，运用计量经济学方法从多个维度定量分析了城市绿色发展影响因素的作用程度和效应大小。本书基于数字经济对城市绿色发展影响的理论分析，通过构建数字经济影响城市绿色发展的计量模型，分析了2011—2019年中国276个城市数字经济发展对城市绿色发展的影响效应及其作用机制，从实证的角度准确揭示了数字经济影响城市绿色发展的程度及其作用大小，使研究更加全面且科学，并据此提出了数字经济赋能城市绿色发展的优化路径以及具有针对性的政策建议。

本章小结

在“双碳”目标下，实现中国城市绿色发展被提到了前所未有的新高度，这将成为中国未来数几十年内社会经济发展的主旋律、主基调，也是本书研究的重要内容。数字经济对中国城市绿色高质量发展起到非常重要的作用，也是实现社会经济可持续发展的重要动力。那么，如何有效推进数字经济更好更快发展，通过数字化转型实现城市生态环境改善、污染排放降低、绿色效率提高是现阶段中国亟须解决和研究的重大时代课题。本章立足于实现“双碳”目标下的时代背景，对中国数字经济与城市绿色发展所处的时代背景进行了概述，阐述了研究意义、研究内容和研究方法，并简要说明了本书的创新之处。

第二章　数字经济的概念范畴与发展特征

20 世纪 90 年代以来，中国互联网技术迅猛发展，涌现出了一大批新兴的科学信息技术。数字技术是促进城市产业发展中不可或缺的重要部分，与此同时，伴随新模式、新业态、新产业的不断涌现，以数字技术为手段的数字经济对于城市绿色发展的影响也显得日益明显，数字经济不仅成为我国经济增长过程中不可或缺的核心力量，而且也是促进我国城市绿色发展的又一重要驱动力。所以，本书在深入探析数字经济赋能城市绿色发展的作用机制之前，要全面而且清晰地认识什么是数字经济、数字经济具有什么内涵、中国数字经济发展正处于怎样的阶段等。这意味着，我们不仅要对数字经济这个基本的概念范畴有清楚的认识，而且要对其特征、作用、效能进行深入剖析。有鉴于此，本章首先对数字经济进行严格的界定，并阐释数字经济发展的主要历程和基本趋势，然后对数字经济发展带来的革新和影响进行深入阐释，从而为后续章节的理论研究和实证分析奠定基础。

第一节　数字经济的概念与特征

一　数字经济的概念界定

从数字经济不断兴起的时代背景来看，中国经济主要经历了高速增长到增速放缓的阶段和过程。近年来，伴随信息和通信技术（Information and Communication Technologies，ICT）的迅猛发展，以

(移动)互联网、大数据、云计算、区块链、人工智能为代表的新兴技术正全面渗透至诸多金融细分领域，学术界和实务界提出了“数字经济”(Digital Economy)这一概念，数字经济被关注的程度正处于持续升温的阶段。2017 年 10 月，数字经济被正式写入了党的十九大报告，逐步成为国家创新驱动发展的主攻方向和供给侧结构性改革的关键动力（赵西三，2017）。数字技术催生了数字经济发展，开辟了继农业、工业、服务业之后的新业态（史丹，2022）。数字经济在中国的发展并不稀奇，作为一个高度重视技术创新的国家，中国在数字经济领域所取得的成就是前所未有的，甚至可以称得上是比世界上大多数国家发展的速度都要快。总体来看，数字经济作为一种新的经济形态，正在引领着新一轮的技术创新、管理创新和应用创新。与此同时，数字经济能够有效推动生产的绿色化、集约化、高效化，目前正在逐渐成为助推城市经济发展、城市技术革新、城市能源转换、城市资源优化、城市绿色发展的核心力量。

为了能够更加深入地了解数字经济，本书首先需要对“数字经济”这个概念进行剖析和定义。关于数字经济的概念最早出现于 20 世纪 90 年代，Tapscott（1996）在研究中首次提出了“数字经济时代”的概念，后续的研究围绕数字经济这一对象展开了深入的探索。目前，随着数字经济不断发展，学者已经从各个角度对“数字经济”这一概念进行了界定。李俊江和何枭吟（2005）认为，数字经济是一种经济社会形态，其是继农业经济、工业经济之后的一种新的经济社会发展形态。康铁祥（2008）将数字经济定义为一种独立的经济形态，主要是指以数字技术为基础进行的经济活动的总称，而且构成此类经济活动的交易或产品本身是通过数据流模式运行的。逄健和朱欣民（2013）认为，数字经济是以信息和通信技术为基础，借助互联网、移动通信网络、物联网等，实现交易、交流、合作的数字化，从而促进社会经济、技术、文化等领域全面发展的技术手段。具体地，就狭义上来看，数字经济包含信息以及通信技术层面；就广义上来看，数字经济还涵盖音乐、影视、游戏等所有可以被数字化的产业层面。李长江（2017）认为，数字经济概念使用十分广泛，总的来说，数字经济是主要以数字技术方式进行生产的经济形态，主要是通过现代信息化手段对农业、工业、服务业等进行数字化改造的过程。与此同时，数字经济是一个有时效性的概念，通常不同的时期对数字经济概念界定有所差别，要和数据经济、信息经济、网络经济等概念进行辨别和区分。陈晓红（2018）指出，数字经济是目前发展最为迅速、创新最为活跃和辐射最为广泛的新兴经济活动，其核心是数据资源要素，其关键技术是对数据资源的挖掘与利用，其本质是以大数据、云计算、物联网、人工智能、区块链五大数字新技术引领经济的数字化转型。王文（2020）提出，“数字经济”主要是基于数字技术所产生的各类新型经济形态，其具有信息化、智能化、自动化等现代互联网技术的特征。王开科等（2020）指出，“数字经济”主要是指基于云计算、物联网、大数据、AI 技术等现代信息技术服务手段为各类产业提供数字化转型服务的一种经济活动总称。徐阳洋和陆岷峰（2022）指出，数字经济发展离不开互联网的发展，其主要建立在信息技术成熟的基础条件上，数字经济必将成为未来我国一个重要产业组成部分。

当然，关于数字经济的界定学者还进行了诸多研究，本书没有办法将相关的研究都进行概述。本书综合上述概念，将“数字经济”定义为：数字经济是以数据资源作为关键性生产要素，以数字化信息和知识为核心资源、以现代互联网平台为重要信息载体、以数字技术有效应用作为效率提高及经济结构优化的关键推动力的一系列经济活动，其主要运用信息基础设施和技术（包括软件、计算机、机器人、网络通信、智能穿戴等）对农业、工业、服务业等产业的生产、流通、销售等流程进行数字化改造，并提供数据分析、数据存储、数据挖掘和数据可视化等服务内容的一种新型经济形态。

二　数字经济的基本特征

自从数字经济概念提出以来，各国就针对数字经济技术开展了广泛的研究和针对性应用，由于各国的经济体制和数字化发展规模、水平、阶段存在显著差异，而且数字经济发展也不是一成不变的，关于数字经济的发展模式的研究和讨论也层出不穷。那么，我们怎样去理解和把握数字经济的本质特征呢？从 OECD 发布的《数字经济展望 2017》来看，数字经济特征主要有三个维度：第一，数字经济发展的规模、涉及的范围、传播的速度十分迅速；第二，数字经济权属关系、资产形态、经济价值难以明晰；第三，数字经济的生态系统十分庞大，具有分散化的结构特征。

随着具有技术和社会双重属性的互联网科技兴起，基于计算机和一定物理介质的数据交换成为影响人类经济活动的方式之一，其与社会经济分工和交换活动的社会属性相契合，由此加速了数字经济在社会经济领域层面的推广与应用。不难理解，产生这一过程的前提是计算资源的配置技术（如基于分布式计算架构的云计算技术）不断创新发展，数字经济遵循数字领域的三大基础定律：一个是摩尔定律（Moore's Law），即每 18 个月世界上计算机的综合计算能力就能提高一倍，并且同等大小的数据存储成本以及用户带宽使用成本下降一半；另一个是梅特卡夫定律（Metcalfe's Law），指随着连入网络的用户数量不断增加，网络的价值会呈现出指数级的增长；还有一个是达维多定律（Davidow's Law），指网络经济存在“强者更强而弱者更弱”的“马太效应”，进入市场的第一代产品，往往能获得 50%的市场份额，而第二家企业或者第三家企业的新产品进入市场，其最终所获得的利益远远不如第一家企业所获得的利益大。总的来说，当数字经济转变为社会经济活动的一个重要的组成部分之后，数字经济就能够为市场中多元经济主体的资源配置提供更广范围的交易供需选择合集，在突破地理和信息双重约束条件下为生产各个环节搜寻与配置资源，在有效规避信息不对称的过程中起到提升资源配置效率的积极作用，从而有效进行资源的社会化配置。从这个角度来看，随着数字经济发展，未来其无疑将作为一种经济要素参与到市场生产过程之中，所以揭示数字经济区别于其他经济要素的特征就显得尤为重要。从人类科学技术发展的历程来看，数字技术本质上是和蒸汽机、燃油机、电力同等重要的“通用目的技术”，必然会对整个经济社会产生重塑的作用，数据是现如今最为重要的生产要素之一，正在加速重构各行各业的商业模式和赢利方式，未来第一、第二、第三产业都将转变为数字化产业，所有企业也将向数字化企业转型。

根据上述基本判断，本书认为，数字经济主要存在以下基本特征：

第一，高效性。数字经济所依托的互联网技术打破了地域空间限制，使处于不同地理位置的个体链接起来，使经济活动突破了时间限制，人们只要通过相应的通信信息技术手段就能够实现信息传输，这就使得经济信息能够无限接近于实时的速度被收集处理和应用。

第二，直接性。数字经济的发展直接降低了经济主体的信息不对称性，弥补传统经济生产过程中在企业以及个人领域中存在的不足之处，使经济主体在参与市场经济活动过程中能够有效地沟通和联系，使经济组织结构逐步趋向于扁平化发展，处于网络端点的生产者与消费者可直接联系，而减少了传统的中间商环节，由此明显降低了交易成本。

第三，膨胀性。数字经济依靠物联网、区块链、人工智能、大数据等技术手段与实体经济之间深度融合，进入了万物互联的时代，数字经济正在逐步实现智能化、平台化和系统化，实现了业务操作线上化、信息可交互、信任可传递、风险可预警，打破了因信息不完整和信息不对称带来的监管难点，从而能够有效解决产业链、供应链中的信息共享、信任传递、风险管理等业务“痛点”，实现实体经济功能的扩张，从而能够更好地服务于实体经济发展。

第四，高渗透性。数字经济作为一种网络化的新型技术经济范式，相对于传统的网点式空间布局和线下交易方式，主要依靠大数据、云计算、物联网、区块链、人工智能等高科技技术进行社会经济生产活动，因而数字经济具备较高的渗透性，这也使得信息服务业迅速地向第一、第二、第三产业逐渐渗透，在有力推动银行、零售、能源、交通、教育、出版、媒体、医疗等行业之间联动性的同时也促进了产业相互的融合和发展。

第五，外部经济性。数字经济的外部性是指每个经济体从使用数字经济的某类产品中得到的效用与用户的总数量有关，参与数字经济的人数越多，则每个用户得到的效用相应也就越高。与此同时，数字经济能够实现信息向外传播、扩散，在一定范围内对信息接收者产生积极影响。

三 数字经济的核算方法

当前，数字经济在世界各国迅速发展，中国也十分重视数字经济的发展状况。那么，怎样结合数字经济的内在含义以及中国的现实背景对数字经济规模进行有效的测算？这是本书在研究过程中所需要解决的一个现实难题，下文首先对数字经济的核算方法进行一个简要介绍。

作为 21 世纪最受瞩目的经济发展形态，数字经济的测度方法自然而地受到了学术界的持续关注。自从 Tapscott（1996）提出数字经济概念以来，数字经济便成为学术界研究的热点之一。从学者的研究来看，向书坚和吴文君（2019）、朱贺和向书坚（2022）在借鉴 OECD 数字经济分析框架的基础上，主要对中国数字经济产业和电子商务产业的增加值进行了详细的测算研究。许宪春和张美慧（2020）主要通过一系列产业占总产出的比值来核算数字经济规模。赵涛、张智、梁上坤（2020）主要从互联网发展水平以及数字普惠金融程度两方面对数字经济综合发展水平进行测度，具体而言，主要采用百人中互联网宽带接入用户数、计算机服务和软件业从业人员占城镇单位从业人员比重、人均电信业务总量和百人中移动电话用户数四个方面的指标以及中国数字普惠金融指数来对城市数字经济发展水平进行测度。钞小静、薛志欣、王宸威（2021）在研究中采用了"熵值—TOPSIS"法从整体和地区两个层级测度2013—2018年中国数字经济发展水平。王娟娟和佘干军（2021）通过构建数字基础、数字产业及数字环境三个维度的评价指标体系，测度了我国31个省份的数字经济发展水平。魏丽莉和侯宇琦（2022）将数字化治理和数据价值化维度引入数字经济指标体系，这也为本书从多维度、精细化、全面性的数字经济核算框架奠定了基础。图2-1绘制了数字经济发展的基本核算框架。王立新和孙梦婷（2023）主要基于信息通信基础设施、社会电商发展、数字应用支持等多个维度，利用主成分分析法对2015—2019年中国31个省份的数字经济发展水平进行了测算。

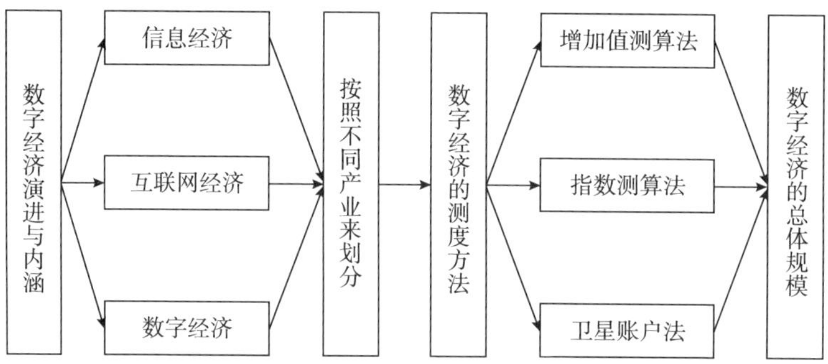

图2-1　数字经济发展的基本核算框架

当前，无论是在定性方面还是在定量方面，数字经济测度在理论方法上还有不少技术难点，譬如，数字经济内涵不明晰，数字产品定义和范围模糊，国内外对数字产品的分类框架尚未达成共识，现有分类难以体现数字化活动和产品的增长等。通过与国际组织标准或发达国家实践相比可知，尽管我国数字经济发展迅速，然而数字经济测度的研究相对滞后，而且国内外学者对于数字经济产业的类型以及数字辅助活动的测算仍未达成共识或统一的标准口径，这就可能导致核算过程中遗漏数字活动所带来的实际产出。为此，本书第四章在广泛借鉴和参考学术界普遍做法的基础上，对 2011—2019 年中国 276 个城市的数字经济发展水平进行了测度，以此为本书定量分析数字经济发展趋势及其对城市绿色发展的影响效应奠定数据基础。

第二节　数字经济的发展历程

一　中国数字经济发展历程

伴随大数据、云计算、计算机信息科学技术的快速发展，世界各国都将数字经济列为一项重大的发展战略。数字经济在世界范围内的蓬勃发展，已经迅速成为各个行业、资本和企业竞相追逐的新风口，与此同时，也吸引了一大批学者对数字经济领域展开相关研究。数字经济在新技术加持下触发产业形态、产品形式和服务内容的持续革新，对产品市场造成了结构性影响，促使产品的更新迭代将更加频繁。不仅如此，数字经济基于大数据、人工智能的分析处理技术可以重新定义市场的价格发现机制，使数据的收集、分析和处理更为精密、便捷，提升交易速度，提高市场经济的活跃程度，使市场主体可以根据数据客观地分析和判断行业动态，更加合理地分配金融资源，从而更好地服务于实体经济。

总的来说，中国数字经济政策经历了由科技政策向产业政策、创新政策转变的渐进演变轨迹，彰显了由点到面、由局部到整体的政策推进过程，具体可总结为如下三个阶段：

（1）科技政策阶段（2012—2014 年）。这一阶段主要是以中央政府发布一系列的科技发展政策为特点，目的在于构建数字技术发展的激励机制，制定数字技术研发和推广战略，通过增加企业的数字技术手段应用来实现生产效率提升和促进实体经济发展。2012 年，发布的《“十二五”国家战略性新兴产业发展规划》中指出，加快培育和发展节能环保、新一代信息技术、生物、高端装备制造、新能源、新材料、新能源汽车等战略性新兴产业，强调互联网思维，明确信息化与工业化融合发展方向。受国家政策层面的积极影响，信息行业多家优秀企业开始深入探索数字技术，尝试“两化”融合，开始注重物联网、大数据、云计算等相关数字技术的研发力度，力求在最短的时间内获取相应技术支持，从而提高自身新一代数字技术应用水平。

（2）产业政策阶段（2015—2016 年）。这一阶段主要是以持续发布产业导向政策为阶段特征，谋划以“互联网+产业”为核心的实体经济数字化转型方案，构建数字技术与产业相融合的模式，初步开启了中国数字经济发展新的格局。2015 年 7 月 4 日，《国务院关于积极推进“互联网+”行动的指导意见》首次提出了“互联网+”的政策语义以及 11 项具体行动，主要涵盖了制造业、农业、能源行业、服务业、物流行业、交通行业等多个产业部门。2016 年 2 月 29 日，国家能源局出台了《关于推进“互联网+”智慧能源发展的指导意见》，提出遵循“互联网+”应用发展规律，营造开放包容的创新环境，鼓励多元化的技术、机制及模式创新，因地制宜推进能源互联网新技术与新模式先行先试，加强能源互联网基础设施建设，建设能源生产消费的智能化体系、多能协同综合能源网络、与能源系统协同的信息通信基础设施。2016 年 4 月 21 日，国务院办公厅发布了《关于深入实施“互联网+流通”行动计划的意见》，要求加强智慧流通基础设施建设，鼓励拓展智能消费新领域，大力发展绿色流通和消费，深入推进农村电子商务。2016 年 9 月 29 日，国务院发布了《关于加快推进“互联网+政务服务”工作的指导意见》，这些政策均具有较强的靶向性和指引性，对新一代互联网技术与各产业深度融合的转型路径进行了具体的谋划和部署。在“互联网+”政策指引下，传统行业“互联网+”转型呈现百业齐兴局面，三一重工、腾讯控股、格力集团、TCL 集团、顺丰速运等企业积极响应，在企业数字化转型方面取得了较为明显的效果。

（3）创新政策阶段（2017 年至今）。这一阶段明确提出要以创新为导向的数字经济作为发展方向，强调通过数据要素作为驱动实体企业发展的主要方式，推动数字经济与实体经济深度融合，进一步完善数字经济在企业创新、新动能培育、经济增长动力转换中的顶层设计，突出数字经济在促进经济高质量发展中的核心作用。2017 年起，《国务院办公厅关于创新管理优化服务培育壮大经济发展新动能加快新旧动能接续转换的意见》等提出，培育以分享经济、信息经济、生物经济、绿色经济、创意经济、智能制造经济为阶段性重点的新兴经济业态逐步成为新的增长引擎，促进制造业新模式、农业新业态、服务业新领域得到拓展深化，产品和服务价值链大幅提升，传统动能焕发新活力。2021 年 12 月 12 日，国务院印发的《"十四五"数字经济发展规划》指出，数字经济是继农业经济、工业经济之后的主要经济形态，是以数据资源为关键要素，以现代信息网络为主要载体，以信息通信技术融合应用、全要素数字化转型为重要推动力，并强调到 2025 年，数字经济迈向全面扩展期，数字经济核心产业增加值占 GDP 比重达到 10%，数字化创新引领发展能力大幅提升，智能化水平明显增强，数字技术与实体经济融合取得显著成效，数字经济治理体系更加完善，我国数字经济竞争力和影响力稳步提升。在数字经济深度赋能企业转型发展的时代背景下，新希望、北大农、太极股份、苏宁易购、三维天地、浪潮信息、创维集团、南天信息、数字政通等上市企业纷纷锚定数字创新，拓展数字化变革实践方式，打造提质增效发展新模式。2023 年 2 月，中共中央、国务院印发的《数字中国建设整体布局规划》强调，"全面提升数字中国建设的整体性、系统性、协同性，促进数字经济和实体经济深度融合""加快数字化绿色化协同转型"。

本书通过对数字经济发展的历程进行归纳发现，中国数字经济政策的侧重点经历了从早期关注数字技术研发以及推广应用，逐步到依托数字经济促进产业数字化转型，再到促进数字经济与实体经济深度融合，打造数字产业集群的嬗变。我们也可以清晰地发现，2015—2017 年，我国陆续颁布了一揽子有关促进数字经济发展的政策，2015 年也被视为“互联网+”元年。值得注意的是，在经济发展新动能加快壮大的同时，技术创新供给不足、制度创新供给不够等制约因素凸显，这也对数字经济发展提出了更高的要求。在未来全面开启数字经济的时代背景下，数据驱动、创新发展成为我国政策关注的重点。总的来说，2015 年以来我国持续发布的“数据驱动创新发展”文件，在一定程度上有效促进了数字经济的快速发展，并通过数字经济模式深刻改变了实体企业传统的生产模式和创新路径，在增强经济发展力、创新力、竞争力的过程中发挥了重要作用。

二　世界各国政府推动数字经济

随着近年来信息和通信技术快速发展，计算机、互联网、电子商务、移动通信等日益改变着经济社会的发展方向和人们的生活方式（逄健和朱欣民，2013）。现阶段，在以网络技术为代表的新兴信息技术不断实现革新式进步的基础上，数字经济已经渗透到了几乎所有与民生相关的领域范围，世界上各个国家都已经意识到了数字产业对于本国经济发展和社会运行的重要影响效应，都纷纷通过制定相关规划、发展战略和激励政策来促进数字产业的发展，提升本国数字经济发展的技术实力与核心竞争力。

当前，世界主要国家均高度重视发展数字经济，纷纷出台战略规划，采取各种举措打造竞争新优势，重塑数字时代的国际新格局。客观来说，数字经济在全世界范围内出现的时间不算久远，然而全球市场经济及其发展基础为数字经济的腾飞却做了大量的铺垫工作。从世界各国数字经济发展的演进过程来看，本书主要将其概括为三个阶段：一是以数字经济为主导的产业占 GDP 比重不断提高阶段；二是数字经济带动了诸多新兴模式和新兴业态发展；三是数字经济在各国的战略地位有了明显提高。当前，世界经济正处于动能转换的换挡期，各国围绕数据主权与长臂管辖权的博弈呈现加剧化态势。总的来说，这三个阶段的层层递进过程中，数字经济大体上经历了从产生、发展到逐渐成熟完善的阶段。并且，数字经济所经历的这三个不同的发展阶段，已经能够展现其在中国乃至全世界的发展逻辑。笔者根据相关资料，绘制了世界数字经济发展的主要态势（见表 2-1）。

表 2-1 世界数字经济发展的主要态势

数字经济发展态势	数字经济发展表现	备注
全球数字经济规模不断扩大	数字产业在 GDP 中所占比重较大，产值增长较快	美国数字经济规模已经超过了 10 万亿美元，在 GDP 中所占的比重大约为 58%
融合型数字经济主导地位增强	其在数字经济中的占比不断增长	主要国家融合型数字经济占比高于 70%，少数国家甚至达到了 90%
数字经济从消费领域逐步向生产领域扩张	数字经济发展引致了很多新兴模式和新兴业态	改变了传统的面对面的交流、消费、生产模式
云计算、大数据、人工智能等加速发展	现代信息技术产业和信息通信服务业发展对社会经济生活各个方面造成了显著影响	有利于技术创新、技术进步、经济效率提升、产业结构转型升级等
数字经济发展对社会经济治理产生了显著而深远的影响	数字经济在世界各个国家的战略地位有了明显提高	政府对数字经济发展的支持力度不断加大

国外数字经济发展对我国具有十分重要的启示意义。观察英、澳、日等国的数字经济发展战略可以看出，这些国家对以医疗设备、军工及运输为代表的工业控制领域以及智慧家庭、智慧工厂、智慧城市相关的物联网领域关注度还不够多，而世界经济发展规模最大的美国的工业互联网以及制造业工业发达的德国的工业 4.0 在这些方面已经进行了十分有益的摸索。当前，新一轮科技革命和产业变革与我国加快转变经济发展方式形成历史性交汇，国际产业分工格局正在重塑。纵览全球数字经济发展的基本趋势，以美国和中国为主的发展格局已经基本形成，主要集中在计算机科学、互联网行业、人工智能产业等数字经济的重点领域（胡雯，2018）。中国实施的“中国制造 2025”通过“互联网+”的应用，实现产业数字化转型和数字产业发展规模的增加，中国与美国、德国等发达国家

的数字经济发展经验相比，在产业体量、人才集聚、技术创新、影响力等方面均表现出较强的竞争优势，在数字经济发展方面具有自身的特点，但也需要继续吸收和借鉴国外的先进之处。

三 数字经济发展：成效、挑战、应对

2016 年以来，我国深入实施数字经济发展战略，建成了全球规模最大的光纤和第四代移动通信（4G）网络，第五代移动通信（5G）网络建设和应用加速推进，可以说，中国在信息基础设施建设方面遥遥领先于国际水平。在此期间，我国数字经济国际合作不断深化，随着 2016 年 G20 峰会所发布的《二十国集团数字经济发展与合作倡议》等在全球赢得广泛共识，信息基础设施互联互通取得明显成效，“丝路电商”合作成果丰硕，我国数字经济领域平台企业加速出海，影响力和竞争力不断提升。宽带用户普及率明显提高，光纤用户占比超过 94%，移动宽带用户普及率达到 108%，互联网协议第六版（IPv6）活跃用户数达到 4.6 亿，通过持续完善数字基础设施来促进新业态、新模式培育，我国在数字产业化和产业数字化方面取得了十分显著的成效。与此同时，数字经济与各行业融合速度加快，电子商务、移动支付、在线培训、远程视讯、网络购物、视频直播等生产生活新方式加速推广，互联网平台规模日益扩大，越来越强。2020 年，中国数字经济核心产业增加值占国内生产总值（GDP）比重达到 7.8%，农业、工业、服务业、数字化全面推进，企业数字化水平也得到了持续提升，数字经济服务于三大产业的能力日益增强。毫不夸张地说，数字经济已成为经济社会持续健康发展所不可或缺的重要动力之一。除此之外，数字经济在促进政府“数字政务”方面的作用也是不容忽视的，目前中国数字政府建设已经取得了良好的效果，一体化政务服务和监管效能得到了大幅度提升，“一网通办”“最多跑一次”“一网统管”“一网协同”等服务管理新模式也得到了广泛普及，城市数字营商环境得到了持续优化，在线政务服务水平已经跃居全球领先行列。

数字经济的快速发展能够为社会各领域全方位赋能，在我国数

字经济发展取得上述成绩的同时，在具体的实践过程中所存在的一些问题和挑战也不容忽视，这些问题会影响到数字经济对城市绿色发展作用的充分发挥，因而值得我们关注。例如，我国数字经济产业占 GDP 比重不高，与欧美等发达国家和地区之间还存在一定差距；不同行业、区域和群体之间还存在“数字鸿沟”，未能够得到有效的弥合，甚至还出现了逐渐扩大的趋势；数字经济关键领域创新能力不高，产业链、供应链受制于人的局面尚未根本改变；我国数字要素的规模十分庞大，但是在市场上流通、交易、使用仍然十分受限，数字要素市场培育和数字经济治理体系仍需要进一步完善等。具体而言，包括以下三个方面：

第一，地区经济发展与“数字鸿沟”相互交织，受多重因素制约，其扩散路径普遍呈现从发达地区到欠发达地区、从城市到农村的特点，由此在不同区域之间形成了显著的“数字鸿沟”。具体而言，北京、浙江、广东等相对发达的东部地区抢先布局了数字经济，而中国农村、中西部地区的流通基础设施建设水平相对落后，数字经济发展水平也并不高。相关统计资料显示，截至 2020 年 6 月底，我国东部地区千兆及以上宽带接入网络用户超 155 万户，占全国的比重为 58.1%；5G 基站总规模超 26 万个，占全国的比重为 63.4%。可想而知，剩余不到 50%的千兆及以上宽带接入网络用户占比以及 5G 基站总规模占比均为中部、西部地区，因而我国数字经济在不同区域之间的“数字鸿沟”还是较为明显的。所以，进一步提高我国中部地区和西部地区广大城市的数字基础设施建设水平和数字经济发展规模十分必要。

第二，数字经济核心技术基础十分薄弱，企业数字技术创新成果较少。核心数字技术基础薄弱是数字经济赋能绿色发展的核心约束。目前，中国核心数字技术的自主研发创新力度不够，一些核心的基础材料、先进的技术基础相对匮乏，而且对国外相关技术的依赖程度还比较高，以电子设计自动化（EDA）为例，大部分规划软件、制作软件都是借助国外企业的力量才得以应用。同时，企业作为创新活动的重要主体，在数字技术创新领域未能充分发挥创新主体的引领和示范作用。2019 年，中国研究与发展试验（R&D）项目中，企业主持项目占比仅为 33.7%。因此，我国需要进一步加大数字技术领域的研发投入，培养数字经济领域更多的专业型人才，从而解决数字经济领域关键技术的“卡脖子”难题。

第三，传统产业的数字化转型升级较为困难，新型数字基础设施建设不足，导致数字流通治理体系难以顺畅运行。在全产业链协同数字转型的大背景下，部分传统产业数字化转型困难，因而存在长期被锁定在价值链中低端的风险。由于产业转型是企业自主选择、自我发展的过程，因而那些已经有固定生产模式的传统产业转型意愿并不是很积极。与此同时，与其他新兴产业相比，中国新型基础设施建设仍面临诸多风险，如新型基础设施建设容易引发产能闲置风险，资本逐利性容易加剧投资结构失衡风险，仅依靠政府主导的投资模式容易引发财政负担风险。从实际数字经济发展情况来看，新型数字基础设施建设在有效引导产业转型方面的积极作用并未得到充分的体现。除此之外，中国流通基础设施建设的数字化水平也并不高，数字治理能力不强，数据采集的维度相对分散，“数字孤岛”“数据滥用”现象广泛存在。个人数据概念及产权界限模糊、数据安全监管体系缺失、数据要素流通频率较低等问题使得数字经济治理体系的运行并不顺畅。因此，加快新型数字基础设施建设，持续深化数据要素市场配置改革，推动数字要素确权是当前决策者需要关注的问题。

第三节 数字经济带来的影响与革新

一 数字经济促进生产提质增效

数字经济作为新的生产要素和新生事物，在发展初期就体现出了十分强劲的生命力和发展潜力，深刻展示了其对于实体经济的积极作用和显著效应。不同于传统资本、技术、土地、劳动力等生产要素，数字经济作为一种融合性经济要素，是技术进步和生产率快速提高的一种表现形式。

首先，数字经济发展促进了信息的高效流通。强化技术创新和提升资源要素的配置效率是中国特色社会主义市场经济的必然要求，也是实现经济全要素生产率持续增长的必经之路和关键机制。数字经济具有网络化、共享化、高效化的特性，这些有利于加快生产过程中创新知识的外溢，便于企业以更低的成本获取先进技术，从而增强生产主体之间信息的流通速度，可以使得企业能够以一个较低廉的投入成本来获取生产要素。生产要素的信息通过数字经济得以更真实地反映出来，在此过程中便最大限度地减少了生产资源要素的错配，从而提高了经济运行效率。

其次，数字经济发展提高了产业各个生产环节的运行效率。当代数字经济作为一种新型技术手段，能够有效提升资源、能源和劳动力的使用效率，使社会再生产效率不断提升。具体而言，数字经济与传统的经济生产模式相比，最为突出的特征和亮点在于促进了生产过程中各个环节的生产效率，生产者在生产过程中需要对所要生产的产品进行判断，同时从外部市场采购原材料、二次加工材料、雇用劳动力、租赁资本等。生产者借助数字经济手段能够便利地获取生产要素，且生产出能够被市场广泛接受的商品，进而实现生产环节效率的持续提高。

最后，数字经济发展有效提高了经济增长质量。数字经济具有显著的低成本运营优势，虽然数字经济前期投入和研发支出较大，但是一旦数字经济发展技术成熟就能够产生显著的“规模经济”优势，因而从某种程度上来说，数字经济能促进现代市场经济发展效益的有效提升，这也意味着产业竞争力和生产效率得到了持续优化。随着数字经济发展不断深化，实体经济得以从“线下”转移至“线上”，充分体现了跨地区交易的便利，从某种程度上促进了成本和时间的节约，进而能够在最短时间内实现经济收益的最大化，从而有利于实现经济增长高质量发展。

二 数字经济实现资源流动优势

数字经济作为现代信息化与产业化结合的产物，在加快促进资源流动方面具有无可比拟的优势，其能够打破面对面交流所需要的时间和空间约束条件，通过信息传输的方式对资源配置产生影响。

首先，数字经济发展促进了生产资源的快速流动。数字经济具有十分强的时效性、敏锐性、伸缩性，在经济全球化和区域一体化水平不断发展的今天，要素资源在不同地区之间的流动更加频繁，而数字经济在调配各类资源要素上具有显著的优势。在数字经济快速发展的时代背景下，各类资源要素逐渐向高效率、高利润、低成本的商业项目和生产单位集聚，并通过参与市场竞争实现资源交换与优化配置。

其次，数字经济发展扩大了资源高效、安全流动的范围。持续发展的数字经济通过互联网科技等信息技术优势将资源的流动范围逐步扩大，不同于传统的交通、航运和储存等要素流通模式，数字经济打破了时间、空间等条件限制，使得各类资源的调配范围得到了有效扩张。在数字经济的驱动下，各类生产要素不仅能满足本地区或国内的消费需要和生产需求，而且能够满足本行政区域以外，甚至是国外的消费需要和生产需求，从而有效激发了生产要素的潜力，并推动了生产力的快速增长。目前，伴随全球化和数字经济发展，通过物联网的革新和现代交通基础设施建设的不断升级，资源要素在世界范围之内的流动也变得越来越高效、快速和安全。

最后，数字经济发展提高了资源竞争成本优势。从经济运行情况来看，现代经济社会的资源流动主要还是以资本为导向的，也就是说资金集中程度越高的地方，其资源流动、集中的程度相应也越高，这是资源要素追求利润最大化的体现。伴随跨境电商交易规模扩大、全球贸易往来日益频繁和数字经济不断发展深化，依托于大数据分析、物联网和现代交通的迅速变革，这些优质的资源要素转而流向出价更高的地区，资源要素的价值得到了充分体现。总的来说，数字经济与实体经济的深层次融合有利于降低资源流通和交易成本，能够进一步提高资源的竞争成本优势。

三　数字经济颠覆商业管理模式

“十三五”以来，我国政府深入实施了数字经济发展战略，数字经济正与农业、制造业、服务业等实体产业进行深度融合，数字产业化和产业数字化取得了十分显著的成效，正在引发影响深远的产业变革，有效促成了新的生产方式、改变了产业形态、创新了商业模式、激发了经济新的增长点。数字经济发展催生了数字技术并促进其以较快的速度发展，有效地促进了生产者与消费者之间的精准对接，加速了各类行业之间的数字化融合程度。当前，电子商务的蓬勃发展、移动支付的广泛普及、远程会议的交流便利、网络购物的快捷方便等，都给生产、生活带来了全新的改变，依托互联网、大数据、云计算、人工智能等数字技术的数字经济在一定程度上助推了商业管理模式的改变。

数字经济的发展推动了工业信息化和社会数字化。与传统产业发展模式比较而言，数字经济的发展为工业 4.0、“物联网+”、云计算等下一代产业模式提供有力的技术保证和能力支撑，并赋能商业模式的创新和用户价值的提升，同时也为各类产业、行业、企业提供了大量的、潜在的增长潜力，也贡献了更大的经济增长驱动力。伴随数字经济发展速度不断加快，支持数字经济发展的相关技术产业规模也不断扩张。其中，作为数字经济发展的重要支撑产业——软件产业的拉动作用也逐渐增强，软件产品逐步渗透至各个行业领域的生产运营之中，已成为数字产业持续发展的中坚力量，并在不断深化迭代中发挥出了较为强劲的数字服务能力，其在促进传统产业转型方面起到了关键性的作用，已经成为数字产业的重要组成部分。

数字经济发展推动了传统商业的数字化转型。数字经济具有技术要素密集度高、产业附加值高、环境污染少、资源消耗少的发展特性，能够通过技术创新和模式创新改变传统商业的经营模式。现阶段，数字经济已逐步成为推动商业数字化转型的重要抓手，并能够更加精准地满足消费者日益增长的多样化和个性化需求。同时，数字经济发展改变了生产、加工、零售、物流等生产过程，为产业发展提供了先进的数字化手段，较大程度强化了企业内部管理，因而有利于促进企业向数字化方面转型发展，从而有利于推动传统商业数字化转型。

总之，数字经济能够推动商业模式与组织管理活动的系统性转变（见图 2-2）。

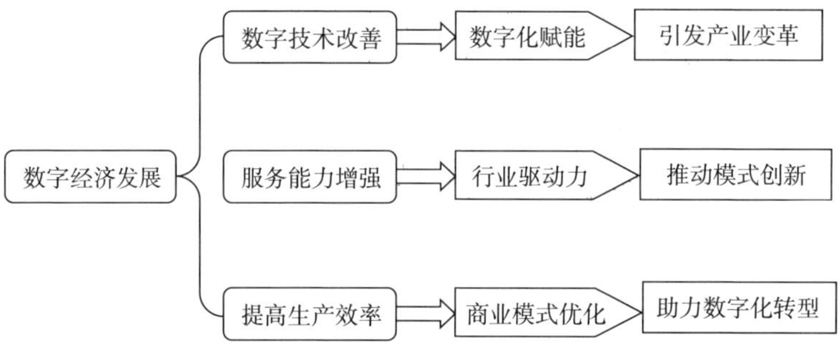

图 2-2 数字经济推动商业模式与组织管理活动的系统性转变

本章小结

数字经济主要是基于数字技术所产生的新型经济形态，对世界各国经济社会变革产生了十分深刻的影响，刷新了人们对于互联网技术和计算机应用的认知，有效地促进了产业数字化转型，推动了社会经济的高效运行。数字经济经历了从数字化到网络化再到智能化的发展创新，如今已成为经济发展中的关键驱动力量，不断推动社会变革。值得注意的是，我国数字经济发展也面临一系列挑战。例如，不同行业、区域和群体之间的“数字鸿沟”仍未能够得到有效的弥合；数字经济关键领域创新能力不高，产业链、供应链受制于人的局面尚未根本改变；数字要素市场培育和数字经济治理体系仍需要进一步完善。为此，应充分发挥数字经济在促进信息高效流通、提高生产环节的运行效率、提高资源竞争成本优势方面的积极作用，从而为“双碳”目标下赋能城市绿色发展提供有力支撑。

第三章 “双碳”目标下数字经济赋能城市绿色发展的理论框架

现阶段，面对日益趋紧的资源环境约束，大力推进城市绿色发展无疑体现了建设美丽中国的应有之义。经济发展与生态环境之间的关系是社会各界所关注的重要议题。一个城市经济社会发展与自然生态环境变化之间存在着十分复杂的相互作用，城市发展需要以一定的自然资源作为支撑，自然生态环境是城市绿色发展的基础和制约条件，过度消耗自然资源会导致城市绿色发展缺乏相应的动力支持。因此，如何厘清城市绿色发展与自然生态环境之间的辩证关系就显得十分重要。同时，随着数字经济的快速发展，其在城市绿色发展的作用也越发明显。首先，基于外部性视角，对经济发展与生态环境之间的关系进行探讨；其次，阐释中国城市绿色发展对于实现“双碳”目标的重大意义、基本准则和重要作用；最后，剖析了“双碳”目标下数字经济赋能城市绿色发展的理论机理。总的来说，本章研究厘清了城市绿色发展的现实必要性，以及数字经济赋能的可行性，阐释了城市绿色发展对于“双碳”目标实现的重要内涵，揭示了数字经济影响城市绿色发展的理论机理，从而为后文实证分析奠定理论基础。

第一节 城市发展与生态环境的关系

一 外部性理论的内涵及产生原因

外部性（Externality）是经济学中一个非常重要的概念，是市场失灵的一种常见表现形式。本书从外部性视角对城市发展与生态环境之间的关系进行剖析，旨在为数字经济如何影响城市绿色发展的理论机理提供相应的分析思路。外部性是指在实际经济活动中，生产者或消费者的活动对其他生产者或消费者带来的非市场性影响，这种影响是从私人收益与社会收益、私人成本与社会成本相比较而言的。从外部性的分类来看，可以将其分为两类：一是正外部性（又称为“外部经济”）是指一种经济行为给外部造成的积极影响，行为主体无意识的活动给他人带来了福利，使其他人在不增加成本时获得了额外收益，例如：西北地区的植树造林、防沙治沙就会使东北地区免遭沙尘暴天气侵袭，但东北地区却不需要对这种行为进行补偿。二是负外部性（又称为“外部不经济”）是指在经济活动中，行为主体在自己承担的成本之外，带给他人或社会以额外的成本或负担，从而导致社会成本大于私人成本的现象。

外部性的外延含义体现在其非市场性的影响是在生产者或消费者之间缺乏任何经济交易的情况下发生的。也就是说，生产者和消费者之间在影响发生之前未进行任何谈判，二者也就难以预期经济行为所带来的影响和后果。产生外部性的原因比较复杂，但是外部性的实质其实就是市场缺陷或市场失灵的一种表现，具体可以归纳为以下三个方面：

第一，市场失灵导致的外部性。市场运行过程就像是一双隐形的手，生产者通过追逐利润最大化，间接地促进了社会其他成员福利水平的提升。然而，明晰产权是市场机制有效发挥作用的前提条件。对于产权不明晰抑或是公共产权领域，市场主体往往会为了自身利益而损害社会利益。尤其对于具有公共特性的自然生态环境领域而言，市场主体（企业）为了追求自身效益而排放“三废”的行为，本质上就体现了在产权界定不明晰的情形下，市场的运行是失灵的、无效的。这是因为，企业对自然生态环境的污染排放并不需要承担额外的费用，而同样处于环境下的其他社会个体却要为企业的这一行为支付额外的治污成本。这也意味着，在一个完全竞争的市场机制下，企业在追求自身利润最大化的过程中，对自身产生外部不经济的生产行为若不加以约束便会导致他人福利的损失，从而对社会整体的经济效益带来一定的负面影响。

第二，产权不清晰导致的外部性。生态环境本质上属于公共物品的范畴，公共物品具有非排他性和非竞争性特征，由此导致产权不明晰，即使划定了产权归属，仍然存在着监视、保护起来难度大等问题。由于生态环境资源不具备产权明晰的条件，私人部门对生态环境的破坏和污染不会导致自身成本的增加，环境恶化的最终后果皆由社会成员共同分担，因而会刺激单个利益主体对其进行过度开发和利用，以谋求自身利益的最大化，由此导致负外部性产生。

第三，利益分散导致的外部性。在市场经济条件下，大多数经济活动都是分散进行的，各经济主体在利益上有其相对独立性。在生产过程中经济主体会有意识地降低私人成本，有时还会从私人利益角度出发，通常只考虑内部成本与效益，忽视了企业的外部效益（社会责任）。即使有个别企业主观上愿意努力承担一些社会责任，试图减轻企业经济活动对社会所产生的负面影响，但是在没有法律、法规对市场所有企业的行为进行普遍约束的情形下，当企业无法找到既能减轻外在影响，又不会增加私人成本的办法时，只会进一步淡化自身所承担的社会责任意识。

二　城市发展与生态环境的辩证关系

如何实现社会经济和自然生态系统的和谐高效运行？寻求自然环境约束下经济协调发展的模式已经成为城市可持续发展的切入点和突破口。在城市经济发展的初级阶段，低下的生产力水平和社会福利改进中经济因素的重要性和不可替代性，迫使城市减少对生态环境的投资力度，将眼前短暂的经济利益放在社会发展的首位，而忽略了社会经济与生态环境之间的长远发展。所以，为实现城市经济发展目标所选定的道路无论是“先增长、再治理”还是“边增长、边治理”都注定了城市发展难免会受到来自生态环境的制约，因而城市发展与生态环境之间存在一定的辩证关系。

优先发展经济再进行环境治理，与边发展经济边进行环境治理的策略，其本质都是将经济增长作为首要目标，只是在实现经济发展的同时对环境污染治理的时间存在一定的差异性。这两种治理策略都将经济从要素投入的供给和资源的再生、循环利用中割裂开来，这种将资源环境外生化的经济发展方式遵循利润最大化原则，主要通过不断扩大自然生态资源的投入而实现产出的最大化。由于资源的稀缺性以及投入要素的规模边际递减规律，这也使得经济难以实现可持续增长，同时经济增长产生的环境污染等外部不经济现象又会反过来降低经济发展效率和水平，使经济良性发展的目标难以成为现实。经济发展和生态环境间的失衡往往危及人的基本生存条件。环境污染的根本原因是经济发展与社会、生态环境的相互隔离，或者忽略了生态环境、自然资源对经济增长的促进作用，所以应充分认识到生态环境是经济发展的基本条件，同时也是经济社会可持续发展的基础这一基本关系。很显然，经济发展与生态环境的对立性和矛盾性在传统粗放经济发展模式中表露无遗，但在集约式经济发展模式中却能做到有机统一。因为集约式经济发展不是主要依靠资源要素投入，而是主要依靠技术进步和清洁生产，这种模式既能保证资源环境的可持续性利用，又能够使单位产品的资源成本和能耗降到最低，从而实现人与自然和谐相处。因此，要协调处理好经济发展和生态环境的关系，就需要采取正确的经济发展模式，找准生态经济发展的正确路径。

从长期来看，生态环境保护能够为经济发展提供资源支撑，但是经济发展与生态环境保护的关系并不对等，经济发展初期往往对生态环境会产生负面影响。据此，Pan 等（1996）从 Kuznets（1955）得出的经济增长与收入不均等之间的倒“U”形曲线之中获得启发，将环境质量与人均收入（经济增长）间的关系称为“环境库兹涅茨曲线”（Environment Kuznets Curve，EKC），指出经济增长与环境污染之间存在倒“U”形关系，即自然生态环境质量起初是随经济增长而恶化的，当经济增长到一定程度后，自然生态环境质量会随经济增长而得到明显的改善。后来，这一观点也逐渐被越来越多的学者论证和接受（Selden and Song，1994；Stern et al.，2002；Dinda，2004；彭水军和包群，2006；林伯强和蒋竺均，2009；许广月和宋德勇，2010；高宏霞、杨林、付海东，2012；陈向阳，2015；孙英杰和林春，2018；张玉和赵玉，2020；张腾、蒋伏心、韦朕韬，2021；马青和傅强，2022）。

“环境库兹涅茨曲线”存在两个基本的假定前提：一是消费者对良好生态环境存在需求；二是消费和生产行为对生态环境存在影响。据此，经济增长与环境质量之间的倒“U”形关系就转变为以下两个命题：第一，一个地区的环境舒适程度是人们所向往的奢侈品，人们对于环境舒适程度的需求收入弹性大于1，随着地区经济不断发展，消费者用收入换取环境舒适程度的意愿也随之增加。第二，随着消费者收入水平上升，消费和生产对生态环境的负效应将递减。随着经济的不断发展，人们对于生活水平和环境质量的要求也会越来越高，经济对环境的污染不可能无限地进行，经济结构转型升级会促使生产和消费结构不断发生变化。

图3-1绘制了“环境库兹涅茨曲线”。其中，横轴为经济增长（Y）；纵轴为环境污染（P）。图3-1表明，随着经济增长，人们用环境的舒适性换取消费的意愿水平会下降，即当经济发展的社会消费处于较低水平时，人们对于环境质量的要求是比较低的，而当经济发展的社会消费处于较高水平时，人们对于环境质量的要求会有所提高。所以，经济发展与环境污染之间存在倒“U”形关系。

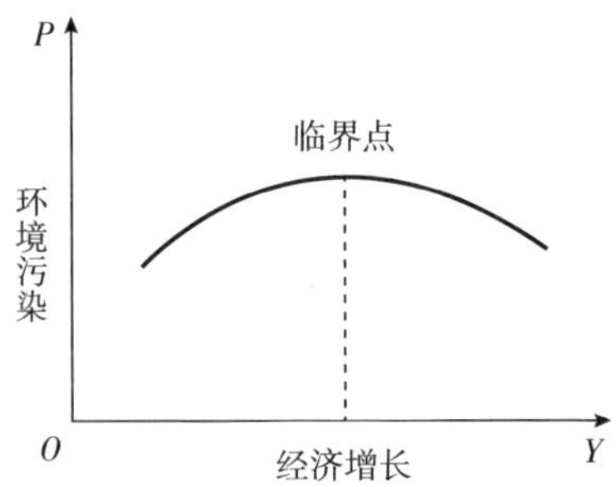

图3-1 环境库兹涅茨曲线

从社会经济发展的现实情况来看，生产要素投入过度或结构不合理是造成水资源短缺、大气污染、土地占用、土壤退化、生物多样性减少等一系列生态环境问题的主要原因。虽然实践中并不一定完全遵循环境库兹涅茨曲线，但经济发展确实会对生态环境质量产生一定的影响。当经济增长是通过高投入、高消耗、高污染来带动时，经济增长规模越大，能耗就越高，对环境的破坏程度也就越大。当地区多数企业仍然处在低质、低效、低价的生产局面，或经济增长主要依靠土地、资源、廉价劳动力等传统投入的生产模式时，资源环境压力巨大，经济发展就无法步入创新驱动增长的良性轨道，从而对经济结构优化和生产效率的提高形成一定的制约。除此之外，不遵循自身资源禀赋等比较优势而盲目集聚大量生产要素时，会造成生产要素效率低下，由此导致环境问题进一步恶化。特别地，本地区经济的快速发展，又会吸引周边地区资源大规模的跨区域流动，这种跨区域的经济要素流动由于缺乏相应的生态补偿机制，会进一步放大要素集聚区经济增长对生态环境的负效应，最终造成全局性的环境污染问题。

三 “双碳”目标下城市绿色发展的理论内涵

“双碳”是碳达峰与碳中和的简称，从其内涵来看，主要是倡导绿色、环保、低碳的生活方式。具体来看，“碳达峰”是指二氧化碳的排放达到峰值之后逐步降低。“碳中和”是指在一定时间内直接或间接产生的二氧化碳，通过植树造林、节能减排等形式，抵消自身产生的排放量，实现二氧化碳“零排放”。

推动“双碳”目标下的城市绿色发展，是一个极具战略意义和现实意义的重大课题。习近平总书记指出：“城市是现代化的重要载体，也是人口最密集、污染排放最集中的地方。建设人与自然和谐共生的现代化，必须把保护城市生态环境摆在更加突出的位置，科学合理规划城市的生产空间、生活空间、生态空间，处理好城市生产生活和生态环境保护的关系，既提高经济发展质量，又提高人民生活品质。"① 由此可见，生态文明建设的主阵地在城市、实现"双碳"目标的主战场在城市、以城带乡建设美丽中国的责任在城市，未来实现经济社会可持续发展的功能也将由城市体现。

20世纪60年代至80年代，学者深刻反思了第二次世界大战后快速工业化发展导致的地球生态环境危机，提出了绿色生态思想和积极的应对策略，这也成为城市绿色发展的重要理论基础。城市绿色发展就是将人们美好的生活需要与城市绿色高质量发展有机结合起来。在具体的实践过程中，就是将节能减排作为推动城市绿色发展的新路径。当然，立足我国中央政府提出的"双碳"目标，城市绿色发展的内涵不仅是与环境问题相关，而且还涵盖了经济发展、生产方式、生活方式、公共交通、社会文化、清洁能源、绿色建筑、科技创新等诸多领域的系统性变革。从这个角度来看，城市绿色发展与"双碳"目标具有较高的契合度，城市绿色发展成为践行"双碳"目标的基本方略，"双碳"目标为生态城市建设提出了具体的节能减排目标，二者相互作用、相互影响，最终将走出一条可持续高质量发展之路。

第二节　中国城市绿色发展与"双碳"目标实现

一　中国城市绿色发展愿景与准则

一个良好的城市生态环境是最能体现民生福祉，绿色发展、美丽中国与以人民为中心共同构成了生态文明发展道路的核心价值和愿景（庄贵阳，2021）。中国政府历来重视社会公民的福利问题。党的十九大提出，中国特色社会主义进入新时代，我国社会主要矛

① 中共中央党史和文献研究院编：《习近平关于城市工作论述摘编》，中央文献出版社2023年版，第139—140页。

盾已经转化为人民日益增长的美好生活需要和不平衡不充分的发展之间的矛盾。习近平主席在第七十五届联合国大会一般性辩论上的讲话中指出：中国将提高国家自主贡献力度，采取更加有力的政策和措施，二氧化碳排放力争于2030年前达到峰值，努力争取2060年前实现碳中和。[①] 党的二十大提出，中国式现代化是人与自然和谐共生的现代化，尊重自然、顺应自然、保护自然是全面建设社会主义现代化国家的内在要求。

优越的城市自然生态环境不仅能让人民的生活更加幸福，而且还能够为城市发展创造更好的机遇。城市绿色发展应以公平正义为导向，应采取气候适应型的发展策略，以应对气候变化，从而更好地满足人民美好生活的需要。城市绿色发展愿景是建设绿色繁荣、低碳集约、循环利用、公平包容、安全健康的美丽城市，在追求繁荣的同时为减少资源消耗和碳排放做出直接贡献，为世界可持续发展提供“中国样本”。所以，未来需要进一步推广可持续的绿色发展模式，从而实现人与自然的和谐发展。

为了能够顺利实现城市绿色发展的愿景与目标，本书认为还应当遵循如下基本准则：第一，城市绿色发展的本质是为了能够更充分地满足民众对美好生活的需要，实现城市经济繁荣与自然生态环境相协调，而不仅仅是为了追求短期经济增长的目标；第二，城市绿色发展既要实现经济的稳定增长，同时还要采取气候适应型的发展策略，从而减少资源消耗和污染气体的排放；第三，城市绿色发展需要政府进行合理干预，一方面需要充分发挥市场的主导作用，鼓励企业和公众广泛参与，另一方面需要政府制定行之有效的环境保护政策和措施；第四，城市绿色发展应以公平正义为导向，不应损害社会居民的基本福利，要倡导每一位公民都享有平等的环境享受权利；第五，城市绿色发展应建立差异化的策略和路径，以适应

---

① 中华人民共和国国务院新闻办公室：《中国政府白皮书汇编（2020年）》，人民出版社、外文出版社2021年版，第140页。

不同的自然地理环境，不同地区的经济发展水平，不同层级城市和地区的发展需求；第六，城市绿色发展应以实效和适用为导向，需对绿色技术进行多维度、全生命周期的评估，以绿色低碳技术发展助推城市社会经济建设，推动城市的绿色发展和绿色技术应用，从而加快我国生态文明建设，促进城市绿色转型发展。

二　中国城市绿色发展的基本功能

城市不仅是现代文明的标志，还是推进低碳经济转型、推动经济社会高质量发展的重要空间和行动单元。我国十分重视城市在“碳达峰、碳中和”目标中的主动性和创造性，这将成为“十四五”及未来更长一段时期内促进我国经济社会可持续发展的主基调，因而我国城市绿色发展建设将继续在改善生态环境方面发挥示范引领作用。

首先，中国城市绿色发展能够推动空气质量的持续改善。中国城市空气质量受到社会经济活动的影响，其中，经济发展是影响城市空气质量的一个重要因素，城市内部分布着各类产业，虽然这些产业在促进地区 GDP 方面发挥着重要作用，促进了一些城市社会经济的繁荣发展，但是也给本地区环境带来了较为严重的污染问题，而改善这些地区的大气环境和空气质量，除了依靠当地政府加强经济发展中的环境保护控制力度，还需要借助这些城市自身的生态涵养和保护提供生态屏障。因此，作为现代先进生产力水平和先进产业的代表，城市内部绿色产业发展不仅可以有效带来 GDP 总量的增长，缩小地区之间的经济发展差异，而且可以通过不同地区之间大气环流的运动，来改善这些地区的大气环境质量，从而全面提高城市整体的空气质量水平。除此之外，城市绿色发展可以为地区社会经济各方面提供充足的、可持续的动力，为缩小区域内部经济发展差距、促进区域经济差距收敛、实现区域内部居民稳定团结创造良好的生存、生产和生态环境。

其次，中国城市绿色发展能够惠及居民日常饮水安全。水是大自然的馈赠，是人类赖以生存的宝贵资源。从历史上看，大型流域是人类的起源地，以中国黄河流域为例，黄河是我国北方最重要的母亲河，黄河流域不仅分布着我国近 1/3 的人口，而且经济总量接近全国总水平的 3/5。因此，城市绿色发展对于保护流域生态环境和水质安全意义重大，是能够为城市居民提供日常安全饮水的重要途径。然而，人类社会经济活动必然会对城市水体质量带来不同程度的影响，威胁到居民日常饮水安全。近年来，我国城市坚持贯彻“节水优先、空间均衡、系统治理、两手发力”的新时期治水思路，对破坏城市水资源、污染城市水体以及一些重大工业污水排放和水环境污染事件的行为进行严格干预和惩罚。同时，越来越多城市正在加快发展循环经济和绿色产业，加强城市污水治理和清洁排放，加强城市生态涵养和环境保护力度，从而有利于保护城市居民日常的饮水安全和产业生产用水安全。

最后，中国城市绿色发展能够有效促进区域之间协调发展。围绕“双碳”目标，城市将因地制宜、实事求是，制定差异化、精准化的达峰目标和路径。那么，在此过程中，就要充分考虑不同地区城市化和工业化水平所存在的异质性特征，还要考虑到不同城市在经济发展水平、能源结构、产业结构等方面的明显差别。例如，东部地区分布着我国重要的政治、经济、历史、文化发展的核心城市，这些地区城市的繁荣程度直接影响到我国区域协调发展，因为东部地区沿海城市对中部、西部地区人口就业的吸纳能力是有目共睹的，而中部、西部地区作为内陆地区，是最为重要的生态涵养区，其地区生态环境既重要又十分脆弱。与此同时，由于地理条件等原因，中部、西部地区部分城市经济发展相对缓慢。目前，我国政府正在逐步将绿色的、清洁的、环保的产业作为推动城市高质量发展的推手，着力抢占文化、枢纽、技术、信息、生态五个制高点，强化数字经济等相关要素支撑，充分挖掘城市生态保护和发展潜力。中国城市绿色发展是为了保护我国整体的生态环境安全，保障我国重要生态功能得到发挥。因此，中国城市绿色发展在提高城市经济发展速度、缩小不同区域之间城市发展差距和提高地区城市可持续发展能力方面具有不可忽视的重要作用。总的来说，推动中国城市绿色发展在新的发展阶段能够有助于实现生态环境保护以及区域协调发展的“双赢”。

三 中国城市在“双碳”目标与绿色发展中的重要作用

2022年，中国城市化水平已经达到65.22%，这就意味着有至少65%的人居住在城市（城镇），大量能源消耗、商品消耗、食物消耗的终端用户都在城市，大量的污染排放都产生于城市。可以说，中国城市环境治理的压力是非常大的。因此，在“双碳”目标背景下，中国新型城镇化道路需要进一步探索建设什么样的生态文明、怎样建设生态文明这一重大理论和实践问题，需要充分发挥城市在能源、交通、建筑和衣食住行等多领域的汇聚和调控作用，从而提出致力于中国城市绿色发展的路径和方案。

一是有利于完善绿色低碳发展体系。明确城市在碳中和目标中的定位、指标体系、管控措施，有利于严格落实低碳发展相关政策和目标，制订详细的节能减排措施和绿色发展计划。与此同时，有利于从“双碳”目标视角来编制生态修复规划、市政基础设施规划等，从而明确城市各层级绿色发展的任务和责任。而且，将“碳达峰、碳中和”相关指标（如低碳发展路径、适应气候变化、自然资源配置等）纳入城市各类规划指标体系，并根据不同地区城市绿色发展的阶段、水平、质量进行差异化管理，通过结合城市内部能源使用、建筑开发、交通运输、废弃物利用、绿地维护等要素，构建起一个碳中和指标体系与规划评估优化模型，建立城市低碳规划设计仿真模型与决策支持系统，开发一个完整的城市空间规划减碳技术体系，通过上述手段来实现碳排放和碳汇定量精准测算，为实现“双碳”目标提供强有力的技术服务支撑。

二是有利于优化能源供给和消费结构。城市绿色发展有利于提高能源综合利用能效，全面推广太阳能光伏建筑，推行低能耗、近零能耗建筑，促进建筑附建小型风电发展，提高建筑用能系统和设备效率，提高绿色建筑和建筑节能标准，提高建筑可再生能源利用比例，提高电气化水平和建筑可再生能源利用率。同时，城市作为建筑开发的主要载体，相比于农村地区而言，城市能够有效推动建筑工业化，加强绿色建筑的设计、施工以及运行管理，大力推行装配式钢结构等新型建造方式，普及一体化和被动式设计，提高电气化水平和建筑可再生能源利用率，有利于大力推广应用绿色建材，快速、持续推进城市老旧小区节能改造和功能提升。此外，城市绿色发展有利于创新能源利用形式，促进城市微电网、智能系统、储能设备推广和应用，推进城市污水源热能回收利用等技术应用，从而有效提高能源综合利用效率，响应国家实施电力需求侧改革要求，尽可能地减少矿石能源使用和温室气体排放，进而有利于促进“双碳”目标实现。

三是有利于打造绿色低碳生活空间。城市作为人类生活、消费、生产的主要集聚地，具有多种多样的发展形态和发展特征，推动城市建设绿色转型有利于建立绿色低碳的基础设施体系，根据城市经济发展情况和城市设施更新改造需求，结合城市碳减排目标，提出适应资源禀赋的设计，结合太阳能、风能、水资源等及发展诉求设计更新思路与方法，促进城市工业产品生产和居民能源消费的绿色化和低碳化。同时，城市绿色发展有利于推广智慧照明控制技术，加快智慧灯杆应用，形成共建共享、集约高效的城市物联感知网络，推动城市基础设施信息化、智能化改造，推进生态绿道和绿色游憩空间等建设，加强供水、排水、道路等基础设施配套建设绿色化，建立通风廊道分级分区管控体系，构建气候友好型城市生态系统，从而能够不断增加公共绿地、绿色休闲空间。此外，为了满足市民对绿色生态环境的需要，城市还会根据本土的绿色生态空间开发状况，适时地发展人居科学，改善人居环境，通过优化、整合现有的完整社区、低碳社区、绿色社区、智慧社区、未来社区等社区建设标准，打造集居住、娱乐、购物、旅游于一体的面向“碳中和、碳达峰”目标的绿色低碳居住社区。

四是有利于探寻绿色发展的运行规律。城市作为现代工业化和新型城镇化的重要产物，是人类社会经济活动的主要场所和载体，也是人类建设学科、发现问题、解决问题的重要实践空间，促进城市绿色发展能够减少不必要的环境污染行为，如减少碳排放等。城市发展能够探索自然、人、社会、居住和支撑网络五大系统的复杂演化规律，充分结合城市已有的绿地、水体、道路、建筑及设施设计状况，协同地区发展推动城市生态修复，提升城市生态碳汇能力，推动城市生态修复与固碳提升增效，最终有利于实现“双碳”发展目标。同时，依据中国城市所特有的生态、人文、社会景观探索出具有本国特色的城镇化和绿色发展道路，总结中国城市绿色发展建设的理论范式和独特贡献等，为世界各国、各地区、各行业提供先进的生态环境治理理念和富有可操作性的绿色技术方案。

第三节　“双碳”目标下数字经济赋能城市绿色发展的理论分析

一　数字经济赋能城市绿色发展的总体思路

随着第四次工业革命的兴起，云计算、大数据、区块链和人工智能等网络数字技术快速发展，由数字技术主导的数字经济产业规模正在逐步扩大。在“双碳”目标下，数字经济和绿色发展无疑已经成为中国社会经济发展的两大主线。那么，城市依托数字经济平台可以带动生产方式、生活方式、治理方式变革，促进政府、企业、居民三维对接，从而在清洁能源、绿色交通、绿色建筑、绿色制造等方面发挥数字经济赋能城市绿色发展的重要作用。本节立足数字经济发展的现实背景，分别从参与主体、动力转换和演化过程三条主线阐释“双碳”目标下数字经济赋能城市绿色发展的总体思路。

（一）参与主体：政府治理、企业支撑、公众参与

城市绿色发展过程需要政府、企业、公民等主体合力参与，任

何一个主体缺位和功能缺位都必然影响到城市环境治理问题。然而，市场竞争的不完全性以及市场失灵所导致的负外部性将会使得城市绿色发展效率得不到有效提升。本质上，这是政府、企业、公民等主体之间的配合不到位所导致的，相较于政府以及企业，公民才是城市环境污染问题最为直接的承受者，因而在市场失灵情形下，需要借助政府行政干预来进一步纠正资源配置扭曲、实现帕累托最优。为此，借助数字技术手段为政府深度参与城市绿色发展建设提供支撑作用就显得十分迫切和必要，具体而言包括以下三个方面。

首先，政府作为制度供给的主要主体，可以通过互联网、云计算和大数据等智能方式对能源消耗、污染排放等环境问题进行实时分析和动态监管，从而有效推动政府对各类资源进行综合管理和统一调配，持续提高各类资源要素有序流动、资源利用和自由流通的效率。同时，通过实施一系列的政策来加大数字基础设施的建设力度，为数字技术的广泛应用创造光明前景，能够构建一个充分保证绿色发展行稳致远的体制机制，在充分提升能源利用效率的过程中全面提高城市绿色发展效率。

其次，数字经济的快速发展能够推动企业数字化转型，能够推动企业关联从要素集聚和组织赋权转变为资源整合与组织赋能，系统推动城市绿色发展。作为市场经济主体和经济运行的基本单元，企业直接承担着经济生产、商品流通、资源配置的职责，海量的数据能够更深层次地促进企业生产向以数字劳工、实时监测为特征的高效生产和智能管理的方向转型，帮助企业决策向以快速行、深度学习、数字生产为特征的精准适配，能够更加有效地畅通绿色发展的主动脉，减少能源过度消耗，从而有效推动全产业链的绿色转型。

最后，数字技术的广泛使用能够通过海量的数据资源推动形成和搭建公共大数据与云服务平台，这将有利于宣传尊重自然、爱护自然、绿色发展的相关理念。同时，通过平台对城市空气、饮水等环境信息的发布能够最大限度地保障公众的环境信息知情权，有效引导公众主动参与到城市绿色发展过程之中，尽可能地减少碳排放。与此同时，公众参与能够在最大限度上弥补绿色发展过程中的政府失灵和市场失灵，是绿色发展中不可或缺的组成部分。然而，在传统的绿色发展尤其是绿色治理的进程中，往往忽视了公众参与的力量，因而需要借助数字手段来进一步发挥公众在城市绿色发展的进程中所起到的积极作用。除此之外，还可以通过数字经济催生的数字技术手段发展电子商务、在线教育、在线医疗、远程办公等新业态来改善、优化公众投诉和公众监督机制，从而数字技术成为推动公众参与成为数字经济赋能城市绿色发展的主力军。

（二）动力转换：以绿色技术创新为核心

人类赖以生存的生态环境容量和资源承载力并非无限的，因而提高绿色技术创新能力和水平无疑是促进城市绿色发展的有效途径。与新古典经济理论模型中仅将资本、土地、人口等有形的生产要素作为资源投入，而城市绿色发展的模式也要将绿色技术创新纳入统一的分析框架，在社会经济发展过程中实现自然生态环境效益的最大化。理论上，当技术创新所引起的经济生产效率得到提升，就会使得原本位于均衡点的经济产出发生位移，从而产生新的一般均衡点，随着产出规模的扩张，经济社会发展具有可持续性。如果扩展至绿色经济产出层面，就可以得到绿色技术创新是推动城市绿色发展的重要动力结论。

随着数字化时代来临，数字技术作为当前最为重要的技术创新手段之一，也是促进产生绿色发展的核心要素和动力（朱洁西，2023）。具体来看：一方面，数字技术具有十分典型的通用目的性、技术积累性和创新互补性等共性技术特征。技术研发人员可以在数字技术原有的基础上进行一系列的技术升级改造，这不仅能够大大减少技术研发人员失败的概率，而且有利于节约技术研发人员进行专有技术研制的机会成本，从而有助于提高社会整体的技术创新水平。另一方面，数字经济本身就具有一定的绿色属性，其在促进经济生产主体数字化转型过程中能够为城市绿色发展提供更大规模的技术支持。举个例子，CAD、CAM、PDM等在生产环节的应用有利于在一个更大的范围以及更高的层次上实现精确分工、精确协作和精确生产，能够有效降低因决策行为主体自身计划模糊所造成的效率损失程度；智慧托盘、条码技术以及RFID（射频识别）等在流通环节的应用能够加速各类运输主体和商贸主体的数字化转型步伐，从而为畅通绿色发展体系提供有力支撑；ST（传感技术）能够实现对生产过程的实时监测与智能控制，推动环境治理模式由控制型的末端治理走向预防型的清洁生产；EDI、CTP、WLAN等能够推动闲置交换、共享交通、废弃回收等绿色循环模式和回收模式持续涌现，从而有效推动循环经济发展，在一定程度上降低污染物排放甚至能够有效推动污染物的净零排放。这意味着，依托数字经济推动绿色技术创新，进而促进城市绿色发展是现阶段最为高效的手段和途径。

（三）演化过程：要素融合与精准匹配

数字经济与实体经济深度融合是推动城市绿色发展的关键所在，具体而言包括以下三个方面。

第一，数字经济能够与不同要素相融合，并为绿色发展注入新动能。一方面，数字经济发展能够广泛与资本、土地、劳动力等生产资源要素紧密结合，增强资本、土地、劳动力等生产资源要素之间的联系，有效提升不同要素之间的匹配效率，充分介入采购、生产、加工、运输、销售等各个环节，通过促进传统要素发生深刻变革与优化重组，不断提高生产资源要素的适应性，从而使得生产者在充分利用资本、土地、劳动力等生产资源要素过程中最大限度地减少生产成本，能够显著地减少企业要素损耗，从根本上提高生产效率和产品竞争力，从而使得经济发展过程中的环境效益实现最优化和最大化。举个例子，数据要素和劳动力要素融合的典型代表就是智能机器人，智能机器人的应用使得生产过程中那些简单、重复性高的体力劳动能够被替代，而智能机器人在视觉信息处理、智能化生产和自动化工厂等高精尖领域的应用也将使得数字经济与劳动力之间的配合相得益彰，毕竟智能机器人的生产精度和生产效率远远高于人工，因而基于数字经济发展的资源要素利用率必将得到前所未有的提升。还有一个适合分析的例子是金融科技（Fintech）与资本要素深度融合所带来的改变，金融机构利用计算机、物联网、大数据等数字技术手段将有助于自身掌握企业生产经营信息，并根据这些信息将信贷资金提供给资源节约、环境友好型企业，从而能够有效引导资本流向绿色发展产业和领域。

第二，数字经济发展将有利于更加合理地组合和分配各类生产资源要素，通过持续改善并优化资源要素的使用效率来大幅度提升经济效益和环境效益。一方面，数字经济可以推动产业数字化转型，为企业快速成长奠定了重要基础，对于制造业企业而言，数字经济能够将制造优势与网络化、智能化优势叠加，极大地推动传统生产要素数字化、网络化和智能化转型，从而明显提升企业生产过程中的灵活程度和精细程度，在流程不断优化和无序生产持续减少的过程中减少企业不必要的成本支出和原料浪费，能够为企业带来更多的利润，从而提高企业绿色生产效率。另一方面，在数字经济时代背景下，得益于柔性电子、机器视觉、工业传感器等数字技术所搭建起来的覆盖能源供给、生产、运输、消耗的全流程能源监测系统，使得能源生产和能源消耗流程的优化和协同效能有了明显提升，大幅度提高了能源利用效率，从而有效促进城市绿色发展的经济系统高效运行。特别地，在中国传统工业经济生产的范式下，能源消费和污染排放快速增加，将导致企业生产规模持续扩大、生产边际成本持续增加。随着工业数字化转型步伐的持续加快，数字化转型正有效激活全社会所有闲置资源，数字经济已然成为推动工业领域节能减排的重要渠道，其在中国实现“碳达峰”“碳中和”战略目标的过程中大有可为，必将成为未来中国城市绿色发展的重要引擎。

第三，数字经济发展能够在一定程度上消除传统经济发展范式下时空错位引发的信息不对称问题，消费者在获取信息方面的渠道增多、能力增强、内容增广，因而有利于迫使企业采用数据要素来分析消费者的消费能力和消费偏好，从而在一定程度上能够有效提高生产要素的生产效率。具体而言，消费端逐步替代供给端而占据主导地位，需求信息被收集后成为供给的决策依据，而这将对传统的标准化生产和大批量生产模式产生挑战，转向精准对接、完美匹配的生产模式，这种以需求为核心的精准匹配模式将进一步凸显人民日益增长的美好生活需要，尤其是人民日益增长的优美生态环境需要在经济社会发展中的重要作用，这种新需求引致形成的新供给将持续推动三次产业优化，逐步成为数字经济赋能城市绿色发展的重要内容。

二 数字经济赋能城市绿色发展的理论分析

在“双碳”目标下，如何打破过去高能耗、高污染、高排放的粗放型增长模式，引领城市通往绿色发展之路，已经成为政府和学界所关注的热点议题。在建设数字中国背景下，数字经济如何赋能城市绿色发展，以及数字经济赋能城市绿色发展的影响效果和作用路径值得进一步探讨。数字经济的本质在于信息化，包括信息技术的产业化、传统产业的信息化、基础设施的信息化、生活方式的信息化等。数字经济依靠5G、大数据、区块链、人工智能等现代信息技术提高产业经济发展效率，提高城市产业发展的信息化水平，推动了城市产业创新和经济结构转型，从而为城市绿色发展提供充足动力。

首先，数字经济是推动数字产业化和产业数字化协同发展的重要载体，资本、劳动力、技术、数据已成为影响经济发展的四大生产要素。在社会生产过程中，厂商利用资本、劳动力、技术、数据等从事生产活动，生产出用于客户消费和企业资本投资的最终产品。在此过程中，中间产品生产部门投入最终品作为物质资本投入，并根据已有的知识和技术水平存量，结合人力资本的投入进行技术创新活动。伴随更高的数字经济发展水平，数字经济利用新型基础设施提供的大数据服务，能够有利于优化生产决策、提高生产规模和加速资源流转速率，从而影响城市绿色发展。这是因为，由于数字经济主要采用线上服务的模式，可以对线下进行的诸多业务进行替代，由此使得原本线下活动所产生的二氧化碳大大减少。不仅如此，伴随数字技术的不断发展和优化，现实中的生产模式、能源消费、生活方式、交通运输等领域将被彻底颠覆，尤其是在应对城市生态环境恶化方面能够有效地发挥出正面作用，通过不同地区之间的相互合作、交流来实现数据、技术、信息、人才、资金等方面的良好互动，从而成为促进城市绿色发展的核心力量。

其次，数字经济对城市绿色发展的直接影响主要体现为数字技术在生产端和消费端所产生的效应。从生产端来看，数字经济发展能够为构建现代化清洁能源体系提供坚实支撑。一方面，数字经济发展是构建新型能源体系的有效手段，数字经济通过赋能传统燃煤电厂升级智慧电厂、提升可再生能源比例、助力智慧矿山与智慧油田建设等新模式，推动城市能源结构绿色转型。另一方面，数字经济发展有助于推进终端用能节能降碳。具体而言，企业可以借助数字孪生、传感采集以及跨工序数据融合等现代数字技术对全部工序进行大规模、远距离操控，从而实现按需下料、节能降耗的精准化控制管理。从消费端来看，目前国内的短视频、自媒体等数字媒介广泛宣传绿色发展理念，这不仅能够助推绿色消费观念在城市居民之间广泛传播，而且可以唤起消费者的环保意识，从而提升消费者对绿色低碳产品的偏好。

最后，数字经济发展是企业绿色生产效率和城市绿色可持续发展的关键手段。与数字经济相关的新型基础设施本身就具有绿色和低碳发展的属性，其通过要素配置效应、技术赋能效应等推动产业绿色转型，进而能够在提升企业绿色生产效率的过程中实现绿色发展。一是数字经济发展为数字产业、新能源产业、环保产业等技术知识密集型产业的发展壮大提供了基本条件，从而有利于促进以数字技术为核心支撑的绿色制造、智能制造、数字制造等绿色低碳产业加速发展，有效降低了污染排放（韦施威、杜金岷、潘爽，2022）。二是数字经济发展通过要素配置效应引导信息、技术、数据等高级生产要素向城市新兴产业集聚，这些新兴产业通过“竞争效应”“示范效应”“倒逼效应”不断推动其他产业使用清洁能源并进行绿色技术研发和创新，从而促进城市传统产业在转型升级过程中提高绿色发展效率，这就是数字经济促进城市绿色发展的产业优化效应。三是数字经济发展通过强大的技术赋能效应推动资源密集型、劳动密集型产业向资本密集型、技术知识密集型产业转型，极大提高城市产业资源的配置效率，能够带动城市整体产业结构转型升级，从而有利于实现城市绿色高质量发展。

我们通过上述理论分析可知，数字经济发展是影响城市绿色、低碳发展的重要因素。当数字经济发展水平提高时，城市环境质量也相应得到提升，因而数字经济对城市绿色发展的影响主要为正。同时，对于中国而言，数字经济作为不可或缺的生产要素，其主要通过要素配置效应、市场竞争效应、产业优化效应和技术赋能效应等机制作用于城市绿色发展。

三 数字经济、绿色技术创新与城市绿色发展的理论分析

在过去，中国通过技术引进、技术模仿发展成为制造业大国，但在技术创新领域依然存在着诸多问题，这对我国加快绿色技术创新步伐提出了新要求。具体来说，城市经济在发展过程中存在高能耗、高排放、高污染的情形，造成城市资本、劳动力、技术、数据等要素资源错配，包括新能源开发利用率较低、节能减排效果不明显以及环境治理能力不足等，加上地方政府的绿色发展政策激励机制严重缺失，使得企业的数字投入积极性不高，这在一定程度上会阻碍数字经济对城市绿色发展效率促进作用的发挥。

近年来，伴随数字经济发展水平不断提高，数字技术介入企业生产和居民生活的程度越来越高，地方政府也在不断出台相关优惠政策促使数字产业发展规模不断扩大。因此，企业在数字经济的影响下也将更加重视绿色技术创新。数字技术不仅能够助力企业改变

生产方式，而且能够有利于优化企业供应网络与销售渠道，赋予企业开展绿色技术创新活动的便利性，从而促使企业将更多资本投入新产品研发和绿色生产技术升级，减少城市对传统能源和资源的依赖程度，使城市产业结构更为优化。所以，数字经济发展能够极大地提升绿色技术创新水平，带动各种生产要素紧密结合，促进生产模式和生活方式的根本性转变，进而推动城市绿色发展。这是因为，数字经济发展有利于实现绿色技术创新的自我进化机制，有利于提升城市绿色技术创新水平，而城市绿色技术创新通过提升生产效率来降低城市资源效率损失，这会对城市绿色发展产生积极影响。总体而言，数字经济、绿色技术创新与城市绿色发展的理论机制主要体现在以下三个方面。

第一，数字经济具有数字经济信息化、数字经济智能化以及数字金融支持等特征。其中，数字信息化水平的提高为企业间的知识传递、技术交流提供了便利，有利于企业提升生产效率。与此同时，数字信息化可以通过优化资源配置、减少资源错配、提升要素流动水平、降低交易壁垒等模式提高清洁能源利用率，减少污染物的产生，从而提升城市绿色发展效率。数字经济发展有利于促进数字智能化。数字智能化是指在大数据中加入人的智慧，依托高科技人才处理数据的能力，以此来提高大数据的价值，提高大数据的效用。数字智能化给城市带来了技术上的优势，智能交通、智慧物流、智慧能源、智能化管理、云计算等领域的发展不仅可以提升生产效率，促使物流保通保畅，促进传统产业绿色转型升级，而且可以模拟出科学规范的绿色治理模式，以高效的智能化设施推动传统产业转型升级，为推进生态文明建设提供理论和支撑。

第二，数字经济对绿色技术创新有显著的赋能效果。数字经济降低了绿色技术创新过程中搜寻资料的时间成本，减少了绿色技术创新过程中的人力资本消耗，提升了企业在资金、能源、设备、技术、数据等方面的资源配置效率，提高了创新成果市场化的效率，从而不断提高城市绿色技术创新水平。值得注意的是，由于城市自身的经济发展的不同阶段，数字经济对绿色技术创新的影响也存在一定的差异性。当某城市经济发展水平滞后，技术创新或绿色创新水平较低时，数字经济中的数字经济信息化、数字经济智能化以及数字金融支持带来的好处无法有效地发挥，此时数字经济通过绿色技术创新效应影响城市绿色发展的作用就相当有限。当城市经济和数字经济发展水平提高到一定水平之后，城市技术创新尤其是绿色技术创新带来的技术溢出具有强大的驱动力，能够激发数字经济促进区域绿色转型升级的功能。所以，城市经济和数字经济发展水平的高低将会对城市绿色发展造成显著的影响。

第三，数字经济发展能够为城市绿色技术创新提供动能。绿色技术创新是数字经济影响城市绿色发展过程中的关键因素。绿色技术创新作为技术创新中促使传统产业转型升级的核心要素，从多方面形成了技术创新的绿色转型升级效应。从短期来看，高强度的绿色技术创新投入会带来成本的增加，影响提升全要素生产率的效果。从长期来看，一旦跨越“遵循成本”的拐点，滞后的“绿色创新补偿”就能够抵消企业在绿色技术创新过程中付出的成本，从而显著提升绿色全要素生产率。首先，从宏观治理方面来看，大数据的分析、现代技术的应用使得政府的日常规划目标更加明确。与此同时，绿色技术创新在实施循环经济、治理污染、进行生态修复等方面都会发挥积极的作用。其次，从中观产业结构来看，共同建设低碳能源基础设施，推动经济结构产业绿色转型升级，建设绿色聚集地以及重复利用废弃物等，均需要发挥绿色技术创新对绿色全要素生产率的正面推动效应。最后，从微观企业层面来看，绿色技术创新引致的设备更新、产能优化能够给企业带来诸多好处，包括人力成本的降低以及可再生能源使用率的提升。此外，绿色技术创新带来的示范效应可以推动企业淘汰老旧设备，引进低碳环保设备以及使用更多绿色低碳能源，在产业结构不断高级化和绿色升级的动态过程中倒逼企业向低能耗、低污染方向转型，从而有助于促进城市绿色发展。

本章小结

城市绿色发展是实现“双碳”目标以及人与自然和谐共生的基本前提和重要保障。首先，本章基于经济学中的外部性阐述了城市社会经济发展与自然生态环境变化之间所存在的内在逻辑与关联，辩证地看待城市经济发展与产业发展过程中可能存在的污染问题，还利用经典的环境库兹涅茨曲线来说明经济发展与环境污染之间可能存在的倒“U”形关系。其次，明确指出中国城市绿色发展与“双碳”目标相契合的基本理念，通过阐释中国城市在“双碳”目标与绿色发展中的重要作用，从而提出一个合理的中国城市绿色发展路径与方案。最后，深入剖析了“双碳”目标下数字经济通过要素配置效应、产业优化效应和技术赋能效应等促进城市绿色发展的理论机理。总的来说，本章研究明晰了城市社会经济发展与自然生态环境之间的关系，分析了城市绿色发展与环境保护之间互相影响、互相制约、互相促进的具体过程，明确了城市绿色发展在“双碳”目标下的主要作用，构建了数字经济发展与城市绿色发展之间的理论研究框架。

第四章　数字经济与城市绿色发展：现状、趋势与案例

数字经济正在重塑世界经济版图，也成为中国经济增长的新动能。数字经济的迅猛崛起，对生产、生活、生态各个方面产生了全面而又深刻的影响。数字经济不仅能够让产业之间有效、深度融合，提高新兴产业和传统产业的发展效率，更为重要的是，其通过数字技术手段彻底颠覆了产业内部企业的生产、管理、销售、服务模式，有效促进了产业链、价值链、生态链的解构与重组，从而为我国城市绿色发展奠定了全新的思路和可行路径。首先，本章利用运用主成分分析法估算中国2011—2019年276个地级及以上城市市域的数字经济发展水平，并从时间、空间两个维度分析了数字经济发展的演变特征，揭示中国数字经济发展的区域特征和空间差异，并剖析数字经济发展过程中存在的问题。其次，利用非径向SBM模型以及GML指数测算中国城市绿色发展水平，并从时间、空间两个维度分析城市绿色发展的演变特征，揭示中国城市绿色发展的区域特征和差异，剖析当前城市绿色发展过程中存在的问题。最后，结合“双碳”目标下数字经济赋能城市绿色发展的典型案例，进一步分析数字经济赋能城市绿色发展的基本现状，从而帮助我们更好地理解二者之间的关系。

第一节　中国数字经济发展趋势与问题分析

一　中国数字经济发展的测算方法

本节的工作旨在构建一套关于数字经济发展水平的综合评价指标体系，基于这套指标体系来深入分析我国数字经济发展的演化趋势及不同区域数字经济发展特征，并探讨我国数字经济在发展过程中可能存在的问题。数字经济本身是一个多环节复杂的系统工程，目前学术界对于数字经济发展水平的衡量指标并未达成一致的意见，鉴于此，本书将结合已有研究来构建数字经济发展的综合评价指标体系。不失一般性，本节在构建数字经济的综合评价指标体系时，主要遵循如下四个原则。

第一，实质性原则。实质性原则也称关联性原则，即选择的指标应与数字经济发展具有一定的关联性，本节主要聚焦中国数字经济发展的演化趋势及不同区域数字经济发展特征，所以，选取的指标应该能够直观地刻画数字经济发展水平，而且是专门针对城市层面的数字经济发展水平。由于城市数字经济发展涵盖了互联网、计算机、通信设施等诸多方面，因此，考虑将互联网宽带接入用户数、计算机服务和软件业从业人员占比纳入指标体系进行考量。又比如，我国庞大的网民规模构成了数字经济的用户基础，因此考虑将通信状况纳入指标体系进行考量，具体包括人均电信业务总量和百人中移动电话用户数两项指标。

第二，可操作性原则。数字经济发展水平的综合指标评价体系需要通过具体数字来度量，相关数据可得性应比较强，从而有利于数字经济发展综合评价指标的可实施性以及结果的可靠性。此外，在研究过程中往往需要对不同区域、省份、城市的数字经济发展水平进行对比解析，因此，难以收集到的数据指标应予以剔除，从而有助于增强指标在同一维度下的可比性。

第三，全面性原则。数字经济发展是一个由多个变量组合而成的综合性变量，只有尽可能地将不同维度的数字经济发展指标纳入评价指标体系中，才能更加客观、真实地反映出中国数字经济发展水平。

第四，结构性原则。在数字经济发展水平综合评价指标的具体筛选过程中，需要注重对同一性质、类别的指标进行分类处理，这有利于梳理各指标之间的逻辑架构。与此同时，考虑将指标按照质和量的层次进行分类，使得指标体系更加具有层次感。

本书根据数字经济发展综合评价指标体系所要遵循的基本原则，结合赵涛、张智、梁上坤（2020）的研究以及城市数据可得性，主要从互联网发展和数字普惠金融两方面对数字经济综合发展水平进行测度，具体的数字经济指标体系如表 4-1 所示。

表 4-1　城市数字经济发展水平综合指标评价体系

一级指标	二级指标	代码	指标属性
数字经济发展	每百人互联网宽带接入用户数	X_1	正向
	计算机服务和软件业从业人员与城镇单位从业人员之比	X_2	正向
	人均电信业务总量	X_3	正向
	百人中移动电话用户数	X_4	正向
	数字普惠金融指数	X_5	正向

资料来源：原始数据主要来自《中国城市统计年鉴》(2012—2020 年)、《中国区域经济统计年鉴》(2012—2014 年)、《国民经济和社会发展统计公报》、北京大学数字金融研究中心（https：//idf. pku. edu. cn）。

需要进一步说明的是，为了减少数字经济发展指标之间可能存在的相关性，确保数字经济指标测算科学合理，将利用主成分分析法来对中国 2011—2019 年 276 个地级市的数字经济发展水平进行测度，具体的测度计算过程、方法如下。

设定评价对象和评价指标的个数分别为 n 和 p，由 n 个样本的指标值所构成的样本矩阵 X 为：

$$X_i=\{x_{i1}, x_{i2}, \cdots, x_{ij}\}(i=1, 2, \cdots, n; j=1, 2, \cdots, p) \tag{4-1}$$

首先，为了消除量纲不同所造成的影响，利用极小、极大标准化方法对各个二级指标原始值进行标准化处理，得到标准化处理的矩阵 Z，并对 Z 求样本的相关系数矩阵 R：

$$R_{ij}=[r_{ij}]_{p\times p}=\frac{Z^TZ}{N-1} \tag{4-2}$$

$$r_{ij}=\frac{\sum_{k=1}^{n}Z_{kj}Z_{kj}}{N-1}, i, j=1, 2, 3, \cdots, p \tag{4-3}$$

其次，求样本相关系数矩阵 R 的特征方程，从而得到 p 个特征值，则有：

$$\lambda_1\geqslant\lambda_2\geqslant\lambda_3\geqslant\lambda_4\geqslant\lambda_5\geqslant\cdots\geqslant\lambda_p\geqslant 0 \tag{4-4}$$

那么，前 m 个的主成分累计方差贡献率则可以用如下公式进行表达：

$$G(m)=\frac{\sum_{j=1}^{m}\lambda_j}{\sum_{j=1}^{p}\lambda_j} \tag{4-5}$$

若 G（m）大于等于 85%，那么就可以选择将前 m 个主成分用于评价分析。

最后，结合每一个主成分的得分情况，就可以构造 i 地区数字经济发展水平的综合评价指标：

$$Digital_i=\alpha_1y_{i1}+\alpha_2y_{i2}+\cdots+\alpha_jy_{ij}+\cdots+\alpha_my_{im} \tag{4-6}$$

其中，$Digital$ 表示数字经济发展水平；α_j 表示主成分 y_j 的方差贡献率；y_j（$j=1, 2, \cdots, m$）表示第 i 个主成分的最终得分情况。

二　中国数字经济发展的趋势研判

当前，新一轮科技革命和产业变革深入发展，促进数字经济发展已经成为世界经济增长过程中的大势。受到内外部多重因素影响，我国数字经济发展面临的形势已经发生了深刻的变化。因此，促进数字经济与实体经济深度融合、加快数字产业集群发展、提升数字产业国际竞争力已成为推动经济高质量发展的重要抓手（余振和陈文涵，2022；陆小莉、刘强、孙慧慧，2022；张楷卉，2022；戴翔和杨双至，2022）。中国数字经济发展为产业深度转型、企业高效运营、城市绿色发展带来了全新的技术革命和产业变革。当今世界，数字经济已经成为一个国家重要综合实力的体现，是我国构建现代化经济体系的重要引擎。数字经济有助于协同推进技术、模式、业态和制度创新，对提高生产效率的作用不断显现，已成为深化经济发展的重要引擎和动力。譬如，天津海尔洗衣机工厂智慧园区重点将5G技术应用于跨厂区的设备维护、远程问题定位等场景，有效提升了公司的运营效率，更好地促进公司数字化转型。又如，2020年1月，工信部发布的《中国两化融合图鉴》资料显示，中国2019年有一半以上的企业在关键业务环节采用数字化管理，至少1/3的企业实现了办公的网络化协同，企业的智能化水平以年均9.4%的速度实现增长，这也反映出了我国工业数字化转型的步伐在不断加快。

为了能够清晰了解中国数字经济发展状况，本书结合前文数字经济的指标体系，测算了中国2011—2019年276个城市数字经济发展水平，绘制了趋势图，并且划分为东部、中部、西部三个地区进行详细分析。

（一）全国平均情况

图4-1描绘了中国2011—2019年276个城市数字经济年平均发展水平的情况。2011—2019年，中国城市数字经济年平均发展水平主要呈现出逐年递增的基本态势。从时序变动情况来看，中国城市数字经济年平均发展水平逐年提高。2011年的城市数字经济年平均发展水平为0.5871，2012年为0.5909，2013年为0.5963，2014年为0.5971，2015年为0.5979，2016年为0.6009，2017年为0.6048，2018年为0.6096，2019年为0.6141。由此可见，中国数

字经济在过去的一段时期内的确取得了较为显著的发展成效，其总体规模在不断增长，数字经济逐渐步入了发展的“快车道”，数字经济正逐渐成为助推我国实体经济稳定、快速、高效发展的重要引擎。与此同时，数字产业化发展蕴含着巨大的潜力，为传统生产要素注入新动能，也为新时代我国产业智能化发展和企业数字化转型带来了前所未有的新机遇。可以说，数字经济发展与中国经济高质量发展这一主旋律是相适应的，两者为建设中国社会主义现代化国家奠定了坚实而有力的基础。

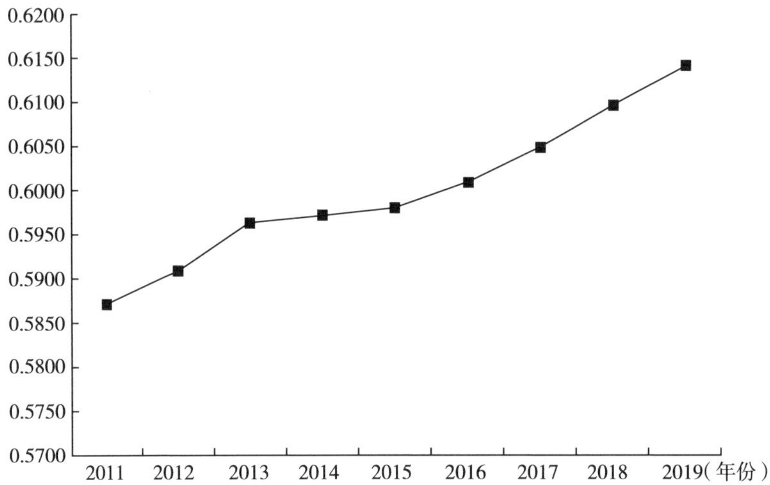

图 4-1　中国 2011—2019 年城市数字经济发展水平

（二）三大区域平均情况

图 4-2 描绘了中国东部地区、中部地区和西部地区 2011—2019 年城市数字经济年平均发展水平的情况。2011—2019 年，中国不同区域城市的数字经济发展水平整体上呈现递增的基本态势，说明不同区域之间的城市数字经济发展状况良好。从图 4-2 中还可以看出，2011—2019 年，中国不同区域城市数字经济年平均发展水平存在显著的异质性特征，东部地区数字经济发展水平比中部、西部地

区高，而西部地区数字经济发展的水平又比中部地区要高。其中，东部地区 2011 年的城市数字经济年平均发展水平为 0. 5991，2012 年为 0. 6024，2013 年为 0. 6098，2014 年为 0. 6118，2015 年为 0. 6125，2016 年为 0. 6151，2017 年为 0. 6196，2018 年为 0. 6230，2019 年为 0. 6265，为观测年份的最大值；中部地区 2011 年的城市数字经济年平均发展水平为 0. 5742，2012 年为 0. 5775，较 2011 年有所上升，2013 年为 0. 5818，2014 年为 0. 5834，2015 年为 0. 5843，2016 年为 0. 5874，2017 年为 0. 5886，2018 年为 0. 5937，2019 年为 0. 6008；西部地区 2011 年的城市数字经济年平均发展水平为 0. 5819，2012 年为 0. 5867，2013 年为 0. 5902，2014 年为 0. 5886，2015 年为 0. 5895，2016 年为 0. 5927，2017 年为 0. 5985，2018 年为 0. 6050，2019 年为 0. 6087。

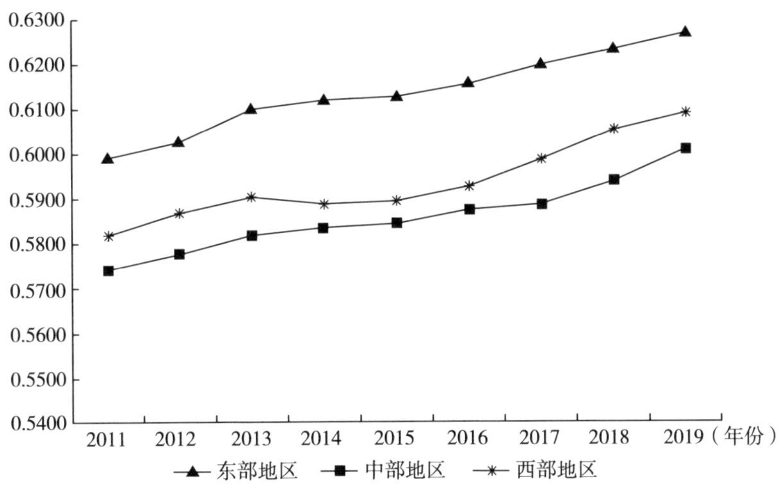

图 4-2　中国不同区域 2011—2019 年城市数字经济发展水平

由此可见，2011—2019 年中国城市数字经济年平均发展水平具有逐年递增的情况，不同区域之间的城市数字经济发展水平除了具有异质性特征，也呈现逐年递增的基本态势，中国城市数字经济发展水平有了较大发展。

三 中国数字经济发展存在的问题

中国数字经济发展正有效打破时空阻隔，提高有限资源的普惠化水平，极大地方便群众生活。让广大群众享受到看得见、摸得着的实惠，是满足人民美好生活需要的重要途径。现阶段，中国数字经济规模快速扩张，但发展不平衡、不充分、不规范的问题较为突出，迫切需要转变传统发展方式，加快补齐短板弱项，提高我国数字经济治理和发展水平，从而探索出一条高质量发展道路。因此，规范、健康、可持续是数字经济高质量发展的迫切要求。

毋庸置疑，数字经济蓬勃发展有利于对城市绿色发展全方面赋能，但目前我国数字经济发展还存在新型基础设施建设不成熟、地区“数字鸿沟”无法弥合、传统数字产业转型困难等诸多方面的问题，这无疑会影响数字经济对城市绿色发展赋能作用的充分发挥，由此进一步导致区域之间不同城市在绿色发展方面的不协调、不平衡和不充分。与此同时，我国数字经济仍然处于起步阶段，各地区之间明显存在一定的经济发展差距，而数字经济发展水平与地区经济发展规模、技术创新水平、区域经济协调程度有着一定的联系，特别是与我国三次产业之间存在着密切的关系，这些因素同时又将对城市绿色发展产生深刻的影响。

从现实数字经济发展的情况来看，数字技术的研发周期比较长，产生经济效益的速度比较慢，推动地区产业数字化转型的进程比较难，由此导致数字技术并没有很好地与绿色技术相结合，大多数经济主体仍然将追求经济效益视为主要目的，缺乏利用数字技术对绿色技术进行升级改造的内在动力，而传统产业数字化转型困难也是造成数字经济发展缓慢的重要因素之一。值得注意的是，与其他新兴产业相比，新型基础设施建设在投入同等成本的条件下，提振经济的效率更高，改善环境的效益更明显，对城市绿色发展的积极作用也更为突出，但是也必须清醒地认识到，中国新型基础设施建设仍面临诸多风险。作为中国目前最受推崇的发展方式，新型基础设施建设将在某种程度上使得大量资本涌入短期回报率较高的投资项目，这就容易造成新型基础设施建设超前投资、产能闲置、难以处置等相关问题，从而引发新型基础设施建设投资失衡的风险。

此外，从中国数字经济发展的区域异质性来看，除我国东部沿海地区以外，中部地区、西部地区数字经济发展和运用的水平还比较低。这就说明我国中部地区、西部地区大部分产业还未完成数字化转型，加上缺乏统一的数字技术平台和信息系统建设，覆盖企业生产全流程、全产业链、企业全生命周期的数据链还有待构建，传统密集型低端产业、中小型企业受规模和发展效益影响，其数字化转型步伐缓慢，实现绿色低碳发展的任务仍然艰巨。与此同时，数据要素的相关运用只是停留于市场营销、风险控制等有限的场景方面，在人工智能、云计算、大数据等关键技术领域仍未取得较大的进展和突破，企业数字化转型带来的经济收益尚不明显，使得数字经济在促进城市绿色发展方面的作用力不强，缺乏一定的可持续性。

第二节 中国城市绿色发展趋势与问题分析

一 中国城市绿色发展的指标构建

在“双碳”目标以及推动经济实现高质量发展的背景下，提升城市绿色发展效率通常能够以更少的投入得到更多的期望产出和更少的非期望产出。目前，实务界和学术界关于城市绿色发展效率的测度，并不存在适用于任何经济条件下的一般性做法，这是由于受投入要素选择、计算方法限制、统计指标处理等影响，因而难以找对一个普遍性的度量方法（齐英瑛、邓翔、任崇强，2022）。Chung等（1995）利用非径向的超效率SBM方向性距离函数测算了包括污染排放的TFP。Chambers等（1996）将环境污染因素纳入全要素生产绩效进行考核，测量了考虑环境因素的TFP。Fare等（1997）

从理论上提出了一个包含污染排放物这一非期望产出的数据包络模型。在此之后，越来越多的学者将环境污染因素纳入全要素生产率之中，以此来对绿色全要素生产率（GTFP）水平进行测算（Kaneko and Managi，2004；Ramanathan，2005；Watanabe and Tanaka，2007；殷宝庆，2012；李玲和陶锋，2012；Feng and Serletis，2014；李斌、彭星、欧阳铭珂，2013；王兵和刘光天，2015；原毅军和谢荣辉，2015；傅京燕、胡瑾、曹翔，2018；尹子擘、孙习卿、邢茂源，2021；耿子健和蔺丹，2022）。

有鉴于此，本书也利用非径向的超效率 SBM 模型和全局 Malmquist-Luenberger 指数对城市绿色发展效率进行测算。传统的 DEA 模型采用的是径向、角度的测算方法，难以考察“松弛量”的影响效果。针对这一问题，本书借鉴 Chung 等（1995）的方向性距离函数思想，对合意产出与非合意产出进行不同方向的优化及调整。

假定决策单元 i（$i=1$，2，3，…，m）在当期环境技术下的方向性距离函数式（4-7）和式（4-8）可通过线性规划问题求解：

$$\min \beta = \frac{1 - \frac{1}{m}\sum_{i=1}^{m} s_i^{x-}}{1 + \frac{1}{s_d + s_u}\left(\sum_{d=1}^{r}\frac{s_d^{y+}}{y_d} + \sum_{u=1}^{p}\frac{s_u^{b-}}{y_u}\right)} \tag{4-7}$$

$$s.t.\begin{cases} x_0 = \sum_{j=1}^{n}\lambda_j x_{ij} + s_i^{x-}, & i = 1, 2, 3, \cdots, m \\ y_0 = \sum_{j=1}^{n}\lambda_j x_{dj} + s_d^{y+}, & d = 1, 2, 3, \cdots, r \\ b_0 = \sum_{j=1}^{n}\lambda_j x_{uj} + s_u^{b-}, & d = 1, 2, 3, \cdots, p \\ \lambda \geqslant 0;\ s_i^{x-} \geqslant 0;\ s_d^{y+} \geqslant 0;\ s_u^{b-} \geqslant 0 \end{cases} \tag{4-8}$$

其中，β 为决策单元效率值；s_i^{x-}、s_d^{y+} 分别为决策单元投入和产出的松弛变量；s_u^{b-} 为决策单元非期望产出的松弛变量；λ 为权重向量。

进一步地，本书在传统的 Malmquist 指数构造基础上，定义了融入环境污染因素的全要素生产率指数（Malmquist-Luenberger Index，以下简称 ML 指数）：

$$ML\text{-}TFP_O^{t,t+1}=\sqrt{\frac{E^t(x^{t+1},\ y^{t+1})}{E^t(x^t,\ y^t)}\times\frac{E^{t+1}(x^{t+1},\ y^{t+1})}{E^{t+1}(x^t,\ y^t)}} \tag{4-9}$$

其中，x^{t+1}、y^{t+1} 分别为 $t+1$ 期的投入和产出；x^t、y^t 分别为 t 期的投入和产出；E^t、E^{t+1} 分别为 t 期和分别为 $t+1$ 期的距离函数。通过上述计算过程，Fare 等（1997）提出全要素生产率可以分解为技术变化和技术效率变化两部分，二者相乘可以得到全要素生产率（$ML\text{-}TFP_O^{t,t+1}$），即：

$$ML\text{-}TFP_O^{t,t+1}=ML\text{-}TECH_O^{t,t+1}\times ML\text{-}EFFCH_O^{t,t+1} \tag{4-10}$$

其中，$ML\text{-}TECH_O^{t,t+1}$ 为技术变化；$ML\text{-}EFFCH_O^{t,t+1}$ 为技术效率变化。

城市绿色发展水平的综合评价指标包括投入指标和产出指标两部分。第一，在投入指标的选择方面，考虑到城市发展基础、发展质量、资源禀赋等方面，将劳动人数、资本积累、土地资源和能源投入四个指标纳入考量，四者分别对应的指标为市辖区单位从业人数（万人）、城市资本存量（万元）、市辖区建成区面积（平方千米）以及城市万吨标准煤。第二，在产出指标的选择方面，考虑到城市治污能力、发展动力和绿色环境等方面，将城市 GDP（万元）作为合意产出，这也是当前被普遍应用于测算绿色发展效率研究的指标之一，将工业废水排放量（万吨）、工业烟尘粉尘排放量（万吨）、工业二氧化硫排放量（万吨）作为非合意产出。值得一提的是，空气质量环境与城市绿色发展存在较大的关联性，最为直观的表现就是空气质量环境与城市产业发展之间的关系。通常情况下，城市中任何一种产业在发展过程中都难免会对空气质量造成影响，特别是对于第二产业中的工业来说更是如此。这是因为，在城市工业产业发展过程中，难免会产生如二氧化碳、二氧化硫、氮氧化物、工业烟尘（粉尘）等污染大气环境的气体。为此，本书将工业

“三废”纳入城市绿色发展水平的核算体系之中，这有利于提高城市绿色发展水平测度过程中的准确性、合理性和科学性，也更加能够有效反映和揭示中国城市绿色发展的实际情况。具体的城市绿色发展水平综合评价指标体系如表 4-2 所示。

表 4-2　　城市绿色发展水平的综合评价指标体系

指标体系	指标类型	指标名称（单位）	指标属性
投入指标	劳动人数	市辖区单位从业人数（万人）	正向
	资本积累	城市资本存量（万元）	正向
	土地资源	市辖区建成区面积（平方千米）	正向
	能源投入	城市万吨标准煤	正向
产出指标	合意产出	城市 GDP（万元）	正向
	非合意产出	城市工业废水排放量（万吨）	负向
		城市工业烟尘粉尘排放量（吨）	负向
		城市工业二氧化硫排放量（吨）	负向

资料来源：原始数据主要来自《中国城市统计年鉴》(2012—2020 年)、《中国区域经济统计年鉴》(2012—2014 年)、《国民经济和社会发展统计公报》。

二　中国城市绿色发展的趋势研判

根据城市绿色发展水平的综合评价指标体系以及非径向的 SBM 模型和全局 Malmquist-Luenberger 指数的基本原理，测算了中国 2011—2019 年 276 个城市绿色发展效率，绘制了趋势图，并且将全样本依次划分为东部、中部、西部三个地区进行详细分析。

首先，图 4-3 描绘了中国 2011—2019 年 276 个城市平均绿色发展效率的情况。从图 4-3 中可以看出，2011—2019 年，中国城市平均绿色发展效率水平具有波动性特征，年均增长率为 0.2797%。从时序变动情况来看，2011 年的城市平均绿色发展效率为 0.9824，2012 年的城市平均绿色发展效率为 0.9983，2013 年的城市平均绿色发展效率为 0.9847，2014 年较 2013 年下降，但下降的幅度并不大，为 0.9942，2015 年较 2014 年上升，为 1.0031，2016 年较

2015 年上升，为 1.0408，为观测年份的最大值，2017 年为 1.0264，2018 年为 1.0195，2019 年为 1.0033。

值得注意的是，2016 年以来，中国城市平均绿色发展效率的增长为负。这意味着，现阶段中国城市绿色发展效率还有进一步提升空间，提高中国城市生态环境和资源利用效率的压力依然很大，因而未来一段时期内，依托数字经济来促进产业结构升级、优化能源消费结构、提升中国城市绿色发展效率是十分迫切和必要的。

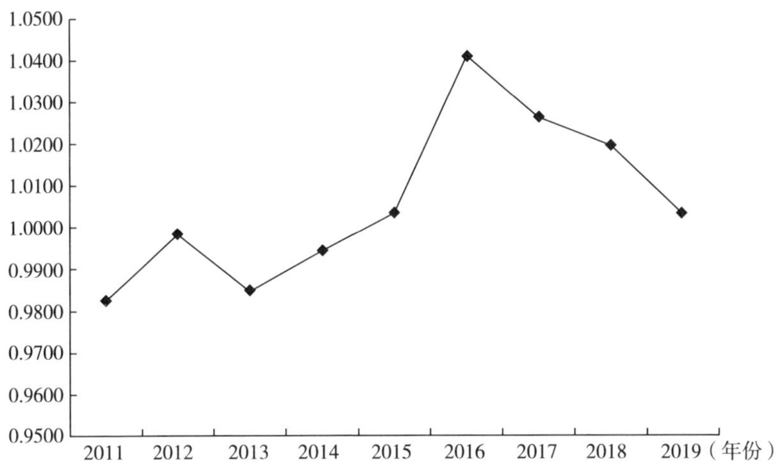

图 4-3　2011—2019 年中国城市平均绿色发展效率

其次，图 4-4 分别绘制了中国东部地区、中部地区和西部地区 2011—2019 年 276 个城市平均绿色发展效率的情况。2011—2019 年期间，中国不同区域城市的平均绿色发展效率整体上呈现出递增的态势。但不同区域城市平均绿色发展效率水平具有波动性特征。其中，东部地区 2011 年的城市平均绿色发展效率为 0.9817，2012 年为 0.9964，2013 年为 0.9888，2014 年为 0.9947，2015 年较 2014 年的城市平均绿色发展效率上升，为 1.0087，而 2016 年的城市平均绿色为 1.0406，为观测年份的最大值，2017 年为 1.0385，2018 年为 1.0418，2019 年为 1.0043；中部地区 2011 年的城市平均绿色发展效率为 0.9731，2012 年为 1.0020，较 2011 年有所上升，2013 年为 0.9827，2014 年为 0.9929，2015 年为 0.9969，2016 年为 1.0513，为观测年份的最大值，2017 年为 1.0193，2018 年为 1.0014，2019 年为 1.0062；西部地区 2011 年的城市平均绿色发展效率为 0.9927，2012 年为 0.9975，2013 年为 0.9803，2014 年为 0.9946，2015 年为 1.0007，2016 年为 1.0307，为观测年份的最大值，2017 年为 1.0150，2018 年为 1.0040，2019 年为 0.9990。

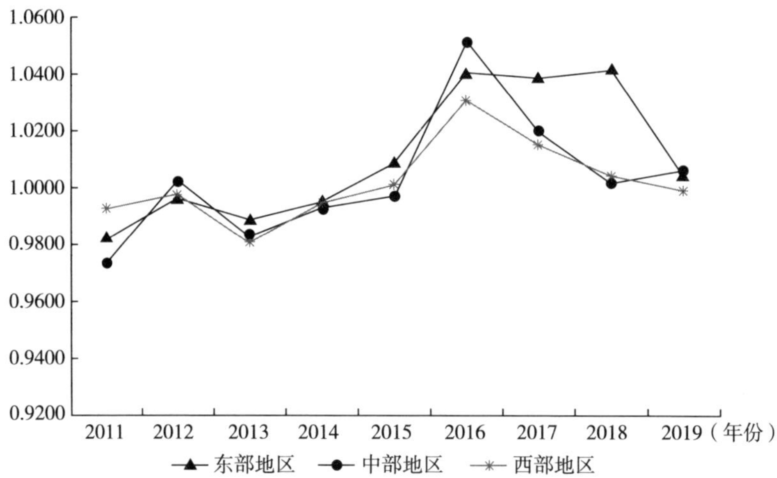

图 4-4 中国不同区域 2011—2019 年城市平均绿色发展效率

总的来说，2011—2019 年整体而言中国城市平均绿色发展效率是增长的，但在 2016 年达到峰值后有所下降。与此同时，不同区域之间的城市绿色发展效率也呈现此种态势，由此说明中国城市绿色发展效率仍有较大提升空间。

三 中国城市绿色发展存在的问题

现阶段，中国城市绿色发展已经取得了显著的成效，城市生态环境质量持续改善，资源消耗多、环境污染重的传统经济在国民经济中的比重逐步降低。但是，中国城市绿色发展过程中存在的"高投入、高污染、高排放”问题，仍然需要引起有关部门的关注。特别地，在“双碳”目标下城市绿色发展所面临的问题是能源消耗依赖度较高、能源消费结构不合理、技术创新水平低等。结合我国城市绿色发展的现状和特征，本书认为城市绿色发展过程中存在的问题可以总结为以下三个方面。

第一，城市数字经济人才储备不足，产业低碳化转型缺乏技术支撑。我国城市产业结构低碳化转型需要低碳技术的支撑，数字经济技术的应用对我国城市产业低碳化转型、发展低碳经济具有重要的推动作用。产业高质量发展是推动城市高质量发展的重要组成部分，在“双碳”目标下调整城市产业结构需要着力于两个方面。一方面，要加大数字经济专业技术人才的培养力度，通过数字经济发展引导低碳技术创新，进而促进实体产业低碳化转型。另一方面，要从根本上改变传统的高能耗、高排放、高污染的产业发展模式，推动节能环保产业、清洁低碳产业发展，实现产业结构低碳化转型。数字经济技术的发展不仅能够带动产业转型升级，也能够推动城市内优势资源的有序流动，带动绿色产业发展。当前，城市数字经济发展水平还不够高，产业低碳化转型缺乏必要的技术支撑，特别是近年来我国城市绿色发展效率存在一定的下降趋势，这无疑严重阻碍了绿色产业结构调整的进程。

第二，城市产业能源消费结构不合理，产业能源利用效率有待提高。能源消费结构直接关系到城市产业低碳化转型，这也意味着，我国城市绿色产业发展与能源消费结构之间存在一定的相关性。我国城市的碳排放强度并不低，从侧面反映出了我国城市的煤、石油等不可再生能源的消费比例仍然比较高。在“碳达峰、碳中和”目标下，调整我国城市绿色产业结构的直接目标就是要改变城市的能源消费结构，推动能源消费体系由传统的能源消费向可再生能源和清洁能源消费体系转变，增强我国城市产业绿色消费的基本意识，从而实现我国城市绿色产业高质量发展。目前，城市是重要的能源、化工、原材料和基础工业基地，石油化工、冶金工业、有色金属工业、天然气开采、装备制造等传统高能耗产业仍占较大比重，而战略性新兴产业总量偏小，以一次性能源为主的消费结构严重制约了城市低碳经济的发展，这也是导致我国近年来城市绿色发展效率下降的主要原因之一。

第三，城市间产业资源分布差异大，城市绿色发展存在空间异质性。我国城市绿色产业发展离不开一定的资源作为支撑。当前，我国城市经济资源要素的空间分布存在一定的差异，这主要与经济、文化、政治、历史、能源等因素息息相关。譬如，2019 年，东部地区单位 GDP 能耗仅为 1.035 吨标准煤/万元，中部地区是 1.326 吨标准煤/万元，而西部地区达到了 2.009 吨标准煤/万元，能源消耗的巨大差异自然会影响到地区城市绿色发展效率水平的提升。长期以来，我国东部地区沿海城市经济发展水平较高，城市人口集聚程度、产业发展水平、科技研发投入也比较高，这些都为东部沿海地区城市绿色产业发展提供了必不可少的物质基础条件。然而，我国中部、西部地区内陆城市的经济发展水平有待提升，城市人口集聚程度、产业发展水平、科技研发投入也比较低，由此导致绿色产业发展过程缺乏相应的物质基础支撑，最终使得绿色产业发展水平较低。这意味着，我国城市产业资源优劣在一定程度上制约着绿色产业发展水平的提升。通过前文分析，我们已经可以清晰地发现，我国城市绿色发展效率总体上具有递增的基本态势，与此同时，部分区域城市的绿色发展效率水平发展较为平缓，还有进一步提升的空间，因而进一步引导城市绿色发展所需的资源向特定地区转移、集聚是十分必要的。

第三节　中国数字经济赋能城市绿色发展的案例分析

伴随 5G、互联网、大数据、区块链、人工智能等数字技术的普及和运用，数字经济已经与企业、电力、交通等经济发展领域深度融合，为城市绿色转型提供了强有力的技术支持。在中国数字经济发展浪潮之中，越来越多行业通过开发“工业互联网+双碳”场景，实现生产能耗和污染排放的双降低，极大地促进了城市产业数字化、高端化、绿色化发展，这也为城市践行“双碳”目标下的绿色发展理念提供了基本保障。本节将围绕数字经济在中国甘肃省的城市、城区、制造业发展状况，深入研究数字经济赋能城市绿色发展的实际案例，以此进一步加深我们对中国数字经济赋能城市绿色发展现实的理解程度。

一　数字经济赋能兰州市绿色发展的案例分析

兰州市是甘肃省省会城市，是中国西部地区重要的中心城市之一，丝绸之路经济带的核心节点，在中国生态文明建设和可持续发展过程中具有重要的战略地位。甘肃省近几年持续加大政策支持数字经济发展的力度。2021 年 9 月 21 日，甘肃省政府印发了《甘肃省“十四五”数字经济创新发展规划》（以下简称《规划》），深入贯彻落实党中央、国务院加快发展数字经济的决策部署，以推动数字产业化、产业数字化和全要素数字化为主线，促进数字化技术与实体经济特别是制造业深度融合，夯实数字经济发展基础，加快发展数字经济。自 2021 年以来，兰州市委、市政府提出突破性发展数字经济的目标，建立数字经济工作推进机制，不断夯实数字经济发展“底座”，着力构建数字经济生态体系，不断优化数字发展环境、完善数字平台体系建设、提升绿色低碳发展效率，数字经济与城市绿色发展融合不断呈现蓬勃发展的良好势头。

（一）兰州市数字经济发展环境优化

兰州市顺应数字经济发展趋势，在促进经济绿色转型、实现“双碳”目标上进行了新的探索和尝试，围绕制造强国、质量强国、网络强国、数字中国等国家战略，全力推动数字技术与生产、流通、消费等服务领域的全面融合，一批大数据、云计算、区块链、物联网、工业互联网等领域的新兴市场主体不断产生，工业大数据创新发展取得新进展，能源清洁、低碳、安全、高效利用不断加强，数字技术创新赋能绿色低碳发展成效显著。众所周知，被誉为数字经济发展的底座就是5G等互联网信息技术，而兰州市十分重视5G技术的应用，也始终将“5G+工业互联网”作为工作的重中之重。目前，兰州市已与制造业、电力业、民航业、石油业、交通业等行业领域达成“5G+工业互联网”战略合作，项目覆盖“5G+智慧园区”“5G+智慧旅游”“5G+智慧矿山”“5G+智慧车间”等多个领域，培育形成“5G+工业互联网”融合叠加、互促共进、倍增发展的创新态势。总的来看，兰州市新型数字基础设施建设不断加强，数字经济与城市绿色低碳发展不断融合，兰州市工业互联网创新发展行动计划、兰州市振兴制造业实施方案等相继落地、落实、见效，有效推动了传统产业高端化、智能化、绿色化转型升级，切实提升兰州市工业企业信息化、智能化水平，这为全面提升数字经济的质量和水平、推动兰州市绿色发展奠定了坚实基础。

（二）兰州市平台体系建设不断完善

长久以来，兰州市始终坚持数字经济在引领现代产业发展过程中的中心地位，把数字经济作为建设现代化经济体系的重要支撑，强化数字经济创新发展的主导地位，推动数字经济创新与产业、人才、资金、政策深度融合，努力实现依靠数字经济驱动的内涵型增长。数字经济发展离不开基础性数字平台建设，兰州市高度重视数字经济发展，在5G建设和场景应用、“东数西算”数据中心建设、工业互联网等方面迈上了全新台阶。近年来，兰州市软件园入驻软件企业数量持续增加，兰州新区国际互联网数据专用通道建成，大数据中心建成并投入使用，鲲鹏计算产业中心和创新中心落地兰州新区，完成工业互联网标识解析二级节点建设在兰州新区天翼云和金昌紫金云的双节点部署，并与重庆顶级节点完成对接。同时，兰石集团“兰石云”工业互联网平台被列为国家制造业与互联网融合发展试点示范项目。兰州市数字经济产业生态体系建设步伐加快，持续带动全市工业、交通、安防、医疗等相关产业转型升级。总的来说，兰州市的数智应用、数智赋能、数字平台当前正焕发新的活力，为兰州市产业转型、经济增长、环境保护注入不竭动能，为促进兰州市产业数字化、网络化、智能化升级提供了充分保障，为有效赋能城市绿色发展提供了良好的数字平台基础。

（三）兰州市绿色低碳发展效率提升

随着兰州市数字经济发展不断取得新突破，兰州市蓝天、碧水、净土保卫战也全面完成阶段性目标任务。2022 年，兰州市优良天数达 301 天，优良天数比率为 82.5%，全年未发生人为因素导致的重度以上污染天气。2020 年污水处理厂集中处理率为 96.38%，污水处理厂处理能力为 72 万立方米/日，排污水管道长度为 1600.90 千米。2021 年，废水中工业氨氮排放量为 28 吨，同比下降 22.22%；废气中工业二氧化硫排放量为 12922 吨，同比上升 1.64%，废气中工业氮氧化物排放量为 15039 吨，同比下降 5.53%；一般工业固体废物综合利用量为 511 万吨。兰州市经济社会绿色低碳转型全面加快的背后，离不开数字经济的支持。近年来，兰州市不断强化“双碳”目标下城市绿色发展的相关责任，要求兰州市内各产业、行业、企业树立绿色发展基本理念，自觉地增强环境责任意识。兰州市政府通过智慧监管手段，有效协调各方资源配置，及时将企业能耗、碳排放数据传送给相关单位，还能将各产业、各行业、各企业间数据实现融会贯通，从而有利于兰州市政府在宏观层面对能耗、碳排放进行详细的动态化管理，真正做到“看碳”“析碳”“管碳”，在企业降本增效、促进产业转型升级、赋能城市绿色发展方面取得了显著效果。

二　数字经济赋能兰州市新区绿色发展的案例分析

兰州新区是 2012 年 8 月国务院批复设立的全国第五个、西北第一个国家级新区，被赋予“西北地区重要的经济增长极、国家重要的产业基地、向西开放的重要战略平台和承接产业转移示范区”的战略定位，入选“科创中国”试点城市（园区）。作为西北地区第一个国家级新区，兰州新区肩负着重要的责任和使命。兰州新区充分利用新区先行先试的政策优势，以大数据产业发展为契机，不断开拓数字经济这片蓝海市场。2019 年，在兰州省委、省政府的大力支持下，兰州新区大数据产业园列入甘肃省重点项目，目前也已经发展成为兰州新区大数据产业龙头。兰州新区十分重视发展数字经济，促进信息化与工业化深度融合，不断聚焦产业结构调整，加快建设数字经济产业园，促进农业大数据管理、智慧社区、商务电子公共平台智慧城市等领域建设，稳步推进绿色工业产业转型，城区绿色发展取得了显著成效。兰州新区数字经济发展充分带动了企业创新活动开展，有效推动了兰州新区技术市场交易规模，并通过降低技术市场交易成本、提高技术交易效率、提升技术交易质量等方式来促进绿色技术创新。

兰州新区充分利用地理环境优势，不断深耕大数据信息产业，实现生产方式由传统的粗放型模式向现代的精细化模式转变，助力兰州新区向“智慧之城”“丝路信息港城”“智能制造基地”迈进，有效推动了兰州新区绿色转型发展。近年来，兰州新区高度重视新型数字基础设施建设，抢抓“东数西算”战略机遇加强重点工程建设，为全国各地区提供硬件和算力。截至 2022 年 9 月，兰州新区已建成数据中心 5 个，已建成机架 1.2 万个，正在建设机架约 2 万个，累计入驻腾讯、京东、华为、奇虎 360、阿里巴巴、中国移动、中国电信、中国联通、中国铁塔、中兴通讯、中科曙光、海康威视等互联网企业 70 余户。预计到 2025 年，全新区装配机架 6.4 万个以上，每年可创造产值 27 亿元，为西北地区乃至“一带一路”沿线国家和区域提供优质高效、安全可靠、高效智能的大数据服务存储和算力服务，有效形成了数字产业集群效应。① 兰州新区数据中心集“数据存储、数据处理、云服务、数据应用、先进计算”于一体，能够将前端采集到的数据进行加工和整理，提取出有价值的信息，将东部地区大量的数据资源引入新区进行存储与计算，再通过

① 银燕：《甘肃兰州新区：绿色发展 底色鲜亮》，《人民日报（海外版）》2022 年 9 月 1 日。

高速传输网络传回到东部地区，从而实现互相协作、取长补短、协同发展。不仅如此，兰州新区数字技术发展能够将数字化改造后的生产数据进行整合分析并应用于企业绿色协同治理，从而对当地绿色转型发展具有良好的促进作用。

在数字金融方面，兰州新区立足甘肃省内生态文明体系建设实际，充分发挥财政、金融、产业、环保等政策作用，着力构建兰州新区统一的数字金融企业和绿色金融项目数据库，解决绿色企业和绿色项目认证评级落地难等问题。数字金融和绿色金融将企业的“绿色”表现纳入金融机构的投融资过程之中，提高对符合绿色金融认定标准的绿色企业的金融资金支持力度，与此同时减少对重污染企业的资金支持，实现金融资源的重新配置，使数字金融和绿色金融成为支撑兰州市经济绿色发展的新动力。

三 数字经济赋能兰州市制造业绿色发展的案例分析

数字经济驱动城市制造业绿色发展是实现减污降碳、协同增效的关键手段。由于传统制造业对新生要素的吸引能力比较低，传统制造业发展的竞争优势得不到体现，从而使得产业结构中产业链条短、价值链低、能源消耗大、碳排量高的产品产量不断增加，这进一步减缓了产业结构升级进程，极大增加了城市绿色低碳转型以及实现“双碳”目标的难度。在数字经济快速发展的时代背景下，数字经济为城市制造业绿色发展提供全新动力。因此，当前也迫切需要通过数字经济提升城市绿色制造水平，从而加快推动城市绿色低碳高质量发展。本节以兰州市制造业发展为对象，从中观产业的角度分析数字经济和数字技术赋能城市绿色发展的现状、模式和路径。

（一）优化制造业数智供给的城市绿色发展路径

当前，兰州市政府正在不断优化制造业数智供给质量，为制造业催生出更加丰富的场景以及市场化的绿色应用。兰州市政府抢抓互联网发展黄金时期，不断加快新型通信基础设施建设，在逐步建设和完善光纤千兆宽带网络与移动千兆网络的“双千兆宽带”基础上，进一步完善新一代高速光纤网络，加大5G网络覆盖面积，布局先进的泛在无线宽带网，构建集网络、处理和计算于一体的现代网络体系。不仅如此，兰州市政府牢牢把握数字经济机遇，加快推进工业互联网建设工作，以高质量、高标准支撑工业互联网发展，不断提高制造业绿色技术创新能力，逐步形成了集约化、数智化和绿色化的经济发展模式。此外，随着兰州高铁、高端装备、绿色建材、汽车零部件等制造业行业自主创新能力不断提高，兰州市也鼓励制造业企业通过建设企业级、专业型工业网络平台提高生产效率，通过构建工业互联网系统，提高产业链、供应链的数字智能协同能力，从而为城市绿色发展开辟新模式和新路径。

（二）提升制造业数字创新能力的城市绿色发展路径

2020年以来，兰州市政府始终坚持以提升制造业绿色技术创新能力为导向的绿色发展路径，加速数智创新成果产业化应用，加快制造业智能化改造，促进制造业产业模式和企业形态绿色安全转型，推动数字服务不断延伸，填补有短板的产业链。同时，兰州市实施数字智能技术攻坚行动，围绕制造业企业在数字化发展过程中对数字智能技术的基本需求，在实施制造业数字化改造过程中激励和支持产业链龙头企业运用新工艺、新技术、新材料和新设备，不断探索制造业在先进环保、智能制造、企业绿色转型等领域建设产业数字智能创新中心等，提升制造业整体创新链效益，加快数字智能设计水平，推动制造业数字智能平台建设，从而有效促进制造业绿色高效发展。

（三）强化制造业数智生产效应的城市绿色发展路径

在数字经济快速发展的时代背景下，兰州市扎实推进制造业绿色发展，不断强化以制造业数智生产效应为导向的城市绿色发展路径。“十四五”开局以来，兰州市政府深入贯彻落实“四强”行动，统筹推进重振“兰州制造”，促进传统行业如水泥、钢铁、造纸、石化、汽车等实现绿色节能发展。兰州市制造业以数字智能化为核心，通过建设数字化、智能化的车间和工厂，搭建数字智能资源集成与分析平台，利用自动化、信息化和智能化模块，不断推动制造业数字智能平台绿色产业集群，构建数字智能化和产业绿色化发展结合的顶层设计方案和流程管理体系。兰州市政府通过制定制造业数字智能化、绿色化、高效化发展对策，基于大数据、互联网、云计算、人工智能等先进信息技术，构建了“软件、硬件、平台、服务”的集成化体系，为促进兰州市制造业绿色发展提供了一体化、绿色化和数智化的基本方案，也为“双碳”目标下推动兰州市绿色发展提供了充足的动力。

本章小结

“双碳”目标下数字经济与城市绿色发展之间有着千丝万缕的关联，如何从纷繁复杂的逻辑关系中找寻数字经济与城市绿色发展的影响机制是本书的重点工作。目前，中国数字经济发展十分迅速，拥有良好的前景与广阔的产业转型空间，并逐步深入三次产业发展过程中，对赋能城市绿色发展具有关键性作用。但是，我国数字经济发展过程中难免会出现一些问题以及会面临一系列的挑战，主要表现为我国数字经济发展存在一定的“数字鸿沟”问题，地区之间数字经济的发展水平并不协调，需要尽快创新数字经济的发展模式，加快补齐短板弱项，提高我国数字经济治理和发展水平，从而探索出一条高质量发展道路。与此同时，本章测算了城市绿色发展水平，并从全国和区域两个维度对城市绿色发展水平进行了现状分析。总的来说，中国城市绿色发展水平具有递增的趋势，不同区域之间的城市绿色发展水平差异并不十分明显。未来一段时期内，为了能够更好地促进城市绿色发展，需要充分考虑当前我国城市能源消耗依赖度较高、能源消费结构不合理、技术创新水平低等问题。最后，本章围绕数字经济在中国甘肃省兰州市的发展状况，深入研究数字经济赋能城市绿色发展的实际案例，以此加深我们对中国数字经济赋能城市绿色发展现实的理解程度。

第五章　数字经济赋能城市绿色发展的影响效应分析

第四章对于数字经济与城市绿色发展的现状分析表明，数字经济整体上与城市绿色发展存在较为一致的演化特征。同时，从第四章 2011—2019 年中国城市数字经济的发展现状分析可知，数字经济正呈现蓬勃发展的基本态势。那么，数字经济的发展在实践中是否真正有效提高了城市绿色发展效率水平？为了准确检验该问题，本章根据第三章的理论分析结果，通过构建计量经济学模型对数字经济与城市绿色发展之间的关系进行定量分析，在验证前文理论同时，也为决策部门制定相关政策提供相应的经验参考。

第一节　模型设计、变量指标与数据来源

一　实证模型设计

本节将结合经典的计量经济学理论和基本建模原理，主要介绍基本模型、主要变量和经验数据。首先，为了验证数字金融对城市绿色发展的直接影响，本节设计一个关于数字经济对城市绿色发展影响的计量经济模型，具体如下：

$$Gtfp_{it}=\alpha+\beta Digital_{it}+\delta X_{it}+v_i+u_t+\mu_{it} \tag{5-1}$$

其中，α 是常数项；β 是数字经济的待估计系数；*Gtfp* 是城市绿色发展；*Digital* 是数字经济。同时，本书在方程（5-1）中还引入一系列反映城市特征的控制变量，记为 X，主要包括城市规模

（*Scale*）、金融发展（*Fin*）、人力资本（*Hum*）、财政支出（*Gov*）、产业结构升级（Ind）、外商直接投资（*Fdi*）、公共服务（*Hea*）、基础设施建设（*Bas*）、城市化率（*Urb*）。除此之外，v_i 和 u_t 分别是个体效应和时间效应；下标 i、t 分别表示个体和时间；ε_{it} 为随机扰动项。

二　变量指标说明

（一）被解释变量

城市绿色发展（*Gtfp*）。该指标主要根据前文第四章基于非径向的 SBM 模型和全局 Malmquist-Luenberger 指数对“城市绿色发展效率”的测算结果进行度量，此处不再赘述。

（二）核心解释变量

数字经济（*Digital*）。根据前文的理论分析可知，数字经济是影响自然生态环境的重要因素之一，促进数字技术发展能够有效应对城市环境污染问题，从而赋能城市绿色发展。那么，数字经济指标就是验证二者之间关系的前提。为此，本书以第四章数字经济指标测度为基础，利用百人中互联网宽带接入用户数、计算机服务和软件业从业人员占城镇单位从业人员比重、人均电信业务总量和百人中移动电话用户数 4 个方面的指标以及中国数字普惠金融指数来对城市数字经济发展水平进行测度。通过主成分分析的方法，将上述 5 个指标的数据标准化后降维处理，从而获得数字经济发展指数。

（三）控制变量

本章实证模型中的控制变量主要由以下 9 项指标构成：

第一，城市规模（*Scale*）。一般而言，城市规模越大，表示城市所容纳的人口就越多，则城市环境受到的影响可能也越大。结合数据可得性，本章采用城市总人口的自然对数进行刻画。

第二，金融发展（*Fin*）。金融是经济发展的核心要素，其在动员储蓄、转化社会闲散资金和风险分散等方面发挥着至关重要的作用（林毅夫等，2012；张成思和张步昙，2016；邓翔和王国华，2020）。同时，金融对技术创新具有重要影响，因而对城市碳排放也会产生影响。为此，本章采用年末金融机构各项贷款余额与 GDP 之比来度量城市金融发展水平。

第三，人力资本（*Hum*）。人力资本是技术创新的核心驱动力，人力资本积累越多，则技术创新的可能性越大。本章采用全市每万人中在校大学生数来衡量人力资本水平。

第四，财政支出（*Gov*）。地方政府在城市环境治理过程中有着举足轻重的地位，财政支出是城市实现绿色发展的重要手段之一，本章主要采用一般公共预算支出与 GDP 之比度量财政支出水平。

第五，产业结构升级（*Ind*）。产业结构升级对城市绿色发展效率的提升而言具有不可替代的重要作用。一般来说，一个国家或地区服务业所占比重越高，那么该国家或地区造成污染的可能性也就越小，所以产业结构升级对城市绿色发展具有重要作用。不失一般性，本章以城市第三产业增加值与第二产业增加值之比来度量产业结构升级水平。

第六，外商直接投资（*Fdi*）。外商直接投资有助于加强本土企业与外来企业之间的协作交流，提高了技术知识的外溢能力，使行业研发资源配置效率得到提高，进而对城市绿色发展产生影响。具体而言，外商直接投资可以从产出效应（Lee，2013）、技术溢出效应（Ambec et al.，2013；Hu et al.，2018）以及投资增长效应（Shahbaz et al.，2015）等多个层面影响城市绿色发展水平。为此，本章利用中国外商实际投资总额来反映外商直接投资水平。

第七，公共服务（*Hea*）。公共服务作为城市的重要特征之一，需要在回归分析时加以考虑。为此，本章主要以城市执业医生人数进行度量，指标越大说明公共服务水平越高。

第八，基础设施建设（*Bas*）。城市碳排放不能仅归咎于经济增长水平高低，而且还要考虑城市道路基础设施的差异问题。城市道路基础设施供给能力是吸引外来人口的首要因素，进而影响城市绿色发展效率。为此，本章采用人均道路面积来测度城市基础设施建设水平。

第九，城市化率（*Urb*）。一个城市的城市化水平越高，代表城市环境治理的能力越强。为此，本书结合数据可得性，主要通过城市辖区人口数量与城市总人口的比值来对城市化水平进行度量。

三 数据来源与描述性统计

本章主要使用中国2011—2019年276个地级以上城市数据展开实证研究，样本量为2484。原始数据主要来自《中国城市统计年鉴》(2012—2020)、《中国区域经济统计年鉴》(2012—2014)、Wind数据库、中国知识产权局网站（https://www.cnipa.gov.cn）、《国民经济和社会发展统计公报》等。对于个别城市缺失的数据采用差补法及类推法进行补全。此外，本章还从《中国统计年鉴》(2012—2020年）中筛选出省级层面的消费者价格指数并与其所对应的城市相匹配，以此消除价格变动所造成的影响。表5-1为变量的描述性统计。

表5-1　　描述性统计

变量	均值	最小值	最大值	标准差	样本量（N）
Gtpf	1.0059	0.5012	1.8724	0.0569	2484
Digital	0.5998	0.5537	0.9537	0.0403	2484
Scale	464.3165	19.5000	11098.4000	457.5130	2484
Fin	133.0785	37.1088	962.2103	62.1941	2484
Hum	215.8501	0.5920	3502.1800	273.7257	2484
Gov	10.8994	0.9232	126.5861	8.9627	2484
Ind	88.0242	14.8575	948.2222	47.1779	2484
Fdi	223501.1000	5.5271	6474034.0000	531557.4000	2484
Hea	10438.8500	777.0000	115771.0000	10282.0700	2484
Bas	1833.4820	52.0000	22160.0000	2310.1020	2484
Urb	37.5538	4.6775	100.0000	23.9578	2484

我们从描述性统计结果来看：第一，城市绿色发展效率的均值为1.0059，大于1.0000，这从侧面反映出中国整体的城市绿色发展

效率并不低。第二，数字经济的均值为0.5998，最小值为0.5537，最大值为0.9537，标准差为0.0403。第三，城市规模的最大值和最小值分别为5991759.0000和46.4672，说明中国不同城市规模存在着较大的差异。此外，我们观察控制变量的描述性统计结果发现，金融发展水平、财政支出、产业结构升级以及城市化率的偏离幅度较小，标准差分别为62.1941、8.9627、47.1779和23.9578，而城市规模、人力资本、外商直接投资以及公共服务的偏离幅度较大，标准差分别为457.5130、273.7257、531557.4000和10282.0700。

第二节　数字经济对城市绿色发展的影响解析

一　面板数据检验

计量经济学中变量的“伪回归”是最为常见的问题之一。因此，为了使研究结果更具可靠性，本章还将进一步对数据进行平稳性检验。表5-2汇报了相应的变量单位根检验结果。

表5-2　单位根检验

解释变量	类型	LLC检验	IPS W检验	ADF-Fisher检验χ^2值	PP-Fisher检验χ^2值
$\ln Gtfp_{i,t}$	(C，T，0)	-5.2515^{***} (0.01)	-2.7859^{**} (0.02)	5.9765^{**} (0.05)	6.2021^{**} (0.05)
	(C，T，1)	-8.9665^{***} (0.01)	-1.9115^{**} (0.04)	11.5657^{**} (0.04)	11.5657^{**} (0.04)
$\ln Digital_{i,t}$	(C，T，0)	2.4022 (0.99)	2.2622 (0.99)	0.0083 (0.99)	0.0001 (1.00)
	(C，T，1)	-1.3251^{*} (0.09)	-1.3653^{*} (0.08)	0.1155 (0.94)	0.0461 (0.98)

续表

解释变量	类型	LLC 检验	IPS W 检验	ADF-Fisher 检验χ^2值	PP-Fisher 检验χ^2值
$\ln Scale_{i,t}$	(C, T, 0)	-2.0492** (0.02)	-2.5280*** (0.01)	-4.2174*** (0.01)	4.8880*** (0.01)
	(C, T, 1)	-3.9184*** (0.01)	-4.7495*** (0.01)	-5.5745*** (0.01)	5.5219*** (0.01)
$\ln Fin_{i,t}$	(C, T, 0)	7.2521* (0.09)	0.4995 (0.66)	0.5242 (0.81)	0.5242 (0.81)
	(C, T, 1)	7.5586*** (0.01)	16.9586*** (0.01)	16.5867*** (0.01)	10.5966*** (0.01)
$\ln Hum_{i,t}$	(C, T, 0)	19.5766 (1.00)	0.4225 (0.64)	0.5224 (0.77)	4.0585 (0.22)
	(C, T, 1)	-5.5460*** (0.01)	-0.7972 (0.21)	6.5455** (0.05)	10.8728*** (0.01)
$\ln Gov_{i,t}$	(C, T, 0)	5.1421 (1.00)	1.0254 (0.85)	0.0076 (1.00)	1.9245 (0.48)
	(C, T, 1)	-9.5190*** (0.01)	-2.1405** (0.02)	12.4181*** (0.01)	16.4092*** (0.01)
$\ln Ind_{i,t}$	(C, T, 0)	-2.0281** (0.02)	0.0588 (0.52)	1.5710 (0.55)	2.0859 (0.45)
	(C, T, 1)	-4.9252*** (0.01)	-0.5562 (0.29)	5.1006* (0.08)	10.8557*** (0.01)
$\ln Fdi_{i,t}$	(C, T, 0)	-24.1099*** (0.01)	-6.9294*** (0.01)	18.5207*** (0.01)	18.5207*** (0.01)
	(C, T, 1)	-15.7195*** (0.01)	-4.6155*** (0.01)	17.1581*** (0.01)	18.5207*** (0.01)
$\ln Hea_{i,t}$	(C, T, 0)	6.8071*** (0.01)	6.9761*** (0.01)	5.0272*** (0.01)	4.4269*** (0.01)
	(C, T, 1)	8.4487*** (0.01)	7.4472*** (0.01)	6.2472*** (0.01)	5.8424*** (0.01)

续表

解释变量	类型	LLC 检验	IPS W 检验	ADF-Fisher 检验 χ^2 值	PP-Fisher 检验 χ^2 值
$\ln Bas_{i,t}$	(C, T, 0)	-12.1442** (0.02)	10.1009** (0.05)	11.5596** (0.05)	12.9785** (0.04)
	(C, T, 1)	10.5587*** (0.01)	10.5577*** (0.01)	17.5877*** (0.01)	17.5587*** (0.01)
$\ln Urb_{i,t}$	(C, T, 0)	-10.0381** (0.03)	11.0488** (0.05)	11.4010* (0.06)	11.0849* (0.06)
	(C, T, 1)	-14.9343*** (0.01)	13.4463** (0.05)	14.1006* (0.08)	17.8440*** (0.01)

注：***表示 $p<0.01$，**表示 $p<0.05$，*表示 $p<0.1$；“C”表示常数项，“T”表示趋势项，“0”和“1”表示滞后项；括号内为 p 值。

一方面，城市绿色发展效率和数字经济的单位根检验结果主要在1%、5%和10%的显著水平上显著。其中，城市绿色发展效率的LLC检验、IPS检验、ADF Fisher和PP-Fisher检验都拒绝了单位根存在的零假设，表明这两组数据是平稳序列。

另一方面，城市规模、金融发展、人力资本、财政支出、产业结构升级、基础设施等变量是平稳的或一阶差分后平稳。

二 基准回归结果解析

本节采取逐步回归法（Stepwise Regression）对计量模型进行估计。从具体的变量回归结果（见表5-3）来看，数字经济在1%显著性水平下对城市绿色发展效率（lnGtfp）存在正向影响，回归（1）、回归（2）、回归（3）、回归（4）、回归（5）的系数值分别为0.2662、0.2519、0.1941、0.1902和0.1869。这就说明在逐步引入产业结构升级、外商直接投资、公共服务、基础设施建设、城市化率这些控制变量之后，数字经济对城市绿色发展仍存在十分显著的正向效应。总体上，数字经济发展能够有效促进城市环境质量提升，能够有利于提升城市绿色发展效率，前文第四章的理论分析结果得到了有效验证。

表 5-3　基准回归结果

	全样本	全样本	全样本	全样本	全样本
	回归（1）	回归（2）	回归（3）	回归（4）	回归（5）
ln*Digital*	0.2662*** (4.42)	0.2519*** (4.19)	0.1941*** (3.26)	0.1902*** (3.13)	0.1869*** (3.10)
ln*Scale*	0.0218*** (3.13)	0.0216*** (3.11)	0.0190*** (2.79)	0.0188*** (2.81)	0.0224*** (3.08)
ln*Fin*	0.0223*** (3.11)	0.0192*** (2.62)	0.0163** (2.20)	0.0171** (2.24)	0.0169** (2.20)
ln*Hum*	0.0036 (1.36)	0.0031 (1.16)	0.0020 (0.79)	0.0020 (0.78)	0.0022 (0.85)
ln*Gov*	0.0017 (0.93)	0.0002 (0.11)	-0.0028 (-1.21)	-0.0033 (-1.41)	-0.0048* (-1.77)
ln*Ind*	0.0010 (0.34)	0.0010 (0.36)	0.0013 (0.47)	0.0013 (0.47)	0.0015 (0.52)
ln*Fdi*		-0.0030** (-2.34)	-0.0026** (-2.02)	-0.0025** (-1.97)	-0.0024* (-1.90)
ln*Hea*			0.0284*** (3.89)	0.0277*** (3.71)	0.0260*** (3.52)
ln*Bas*				0.0029 (0.80)	0.0023 (0.62)
					0.0110* (1.65)
常数项	-0.1199* (-1.69)	-0.0738 (-1.00)	-0.3237*** (-3.41)	-0.3420*** (-3.37)	-0.3809*** (-3.78)
个体固定效应	控制	控制	控制	控制	控制
时间固定效应	控制	控制	控制	控制	控制
F 值	13.62***	13.14***	14.21**	12.66***	12.01***
N	2484	2484	2484	2484	2484

注：***表示 p<0.01，**表示 p<0.05，*表示 p<0.1；括号内为 t 值，由个体聚类稳健标准误计算，下同。

三　异质性回归结果解析

遵照《中国统计年鉴》对不同区域的划分标准，将全样本依次划分为东部、中部、西部地区三个子样本进行对比研究，以此来观察不同地区之间数字经济、绿色技术创新对城市绿色发展的影响效应是否存在异质性。其中，表 5-4 中的回归（1）为东部地区计量模型估计结果，在 10%的显著性水平下，数字经济有利于提升城市绿色发展效率，回归系数为 0.1639。这就意味着，对于东部地区而言，随着数字经济发展水平的进一步提高，数字经济对城市绿色发展效率的正向影响效应将逐步增强。

从表 5-4 中的回归（2）可以发现，中部地区数字经济有利于提升城市绿色发展效率，回归系数为 0.3876，且该回归系数在 1%的显著性水平下显著。这就意味着，对于中部地区而言，随着数字经济发展水平的进一步提高，数字经济对城市绿色发展效率的正向影响效应将逐步增强。

表 5-4 中的回归（3）为西部地区的回归估计结果，其中，数字经济对城市绿色发展效率的影响在统计上并不显著。所以，西部地区应该进一步提升数字经济发展水平，增加与国内先进的数字化转型企业进一步交流的机会，并从中学习更为先进的生产管理知识和技术手段，以此来提高城市绿色发展效率。

表 5-4　　计量结果：区域异质性分析

	东部地区	中部地区	西部地区
	回归（1）	回归（2）	回归（3）
ln*Digital*	0.1639* （1.79）	0.3876*** （4.35）	0.0286 （0.31）
ln*Scale*	0.0367*** （3.05）	0.0169** （2.17）	-0.0199 （-0.60）
ln*Fin*	0.0082 （0.50）	0.0547*** （6.12）	0.0117* （1.90）

续表

	东部地区	中部地区	西部地区
	回归（1）	回归（2）	回归（3）
ln*Hum*	0.0051 (1.63)	0.0053 (1.63)	-0.0025 (-0.52)
ln*Gov*	-0.0100** (-2.01)	0.0034 (0.98)	0.0010 (0.23)
ln*Ind*	0.0020 (0.40)	0.0012 (0.29)	0.0001 (0.02)
ln*Fdi*	-0.0024 (-0.98)	-0.0012 (-0.37)	-0.0036*** (-2.61)
ln*Hea*	0.0276* (1.74)	0.0161** (1.94)	0.0233** (2.01)
ln*Bas*	0.0034 (0.36)	0.0010 (0.17)	0.0027 (0.59)
ln*Urb*	0.0267* (1.92)	0.0024 (0.49)	-0.0091 (-1.17)
常数项	-0.5278*** (-2.71)	-0.3340*** (-2.70)	-0.0766 (-0.33)
个体固定效应	控制	控制	控制
时间固定效应	控制	控制	控制
F 值	6.00***	10.05***	2.62***
N	1071	711	702

整体上，数字经济对不同区域的城市绿色发展的影响效应存在差异，东部和中部地区具有正向影响效应，进一步提高城市数字经济发展水平有利于提升城市绿色发展效率。与此同时，西部地区当前的城市数字经济发展水平较低，因而对城市绿色发展效率的提升作用并不显著。

第三节 稳健性检验

一 替换核心变量

为了进一步验证数字经济对城市绿色发展影响研究结论的准确性和严谨性，需要对实证模型进行稳健性检验。一般来说，稳健性检验的方法主要有三种途径：一是改变不同的样本；二是通过替换不同的变量；三是采用不同的计量方法。有鉴于此，本章在综合考虑数据可得性以及模型设计的基础上，决定采用变量替换、选用不同的计量方法以及引入工具变量的方法对前文实证结果进行稳健性检验。

首先，本章采用更换数字经济发展指标的度量方法来进行稳健性检验。只采取一种度量方法，有可能会使回归估计结果产生偏误。因此，本章重新选取了关于数字经济发展指标的度量方法，与前文采用主成分分析法确定数字经济发展各二级指标权重的做法相比，稳健性检验主要采用熵值法来计算各指标的权重，然后仍采用欧式距离函数法计算数字经济发展的综合指数重新确定了二级指标权重，并构建了新的数字经济发展综合指数。稳健性检验结果发现，两种方法计算出来的数字经济发展指标虽然在具体数值上有细微差异，但不改变数字经济发展的动态变化趋势及主要特征，表 5-5 汇报了替换数字经济变量之后的稳健性检验结果。

可以发现：对于全样本而言，数字经济在 1%显著性水平下对城市绿色发展效率存在正向影响，回归系数为 0.0268。同时，从不同区域来看，东部地区和中部地区数字经济对城市绿色发展效率存在正向影响，回归系数分别为 0.0399、0.0293，且二者均在 1%的显著性水平下显著。此外，西部地区数字经济对城市绿色发展效率的促进效应在统计上并不显著。总的来说，本章在引入城市规模、金融发展、人力资本、政府支出、产业结构升级、外商直接投资、公共服务、基础设施建设、城市化率作为模型的控制变量之后，数字经济对城市绿色发展依然存在十分显著的正向效应。总体上，数字经济发展能够有效促进城市环境质量提升，进而能够有利于提升城市绿色发展效率，本章所提出的理论分析结果得到了有效验证。

表 5-5　　　　稳健性检验：替换数字经济变量

	全样本	东部地区	中部地区	西部地区
	回归（1）	回归（2）	回归（3）	回归（4）
ln*Digital*	0. 0268*** (4. 60)	0. 0399*** (3. 66)	0. 0293*** (3. 72)	0. 0104 (1. 18)
ln*Scale*	0. 0210*** (2. 93)	0. 0337*** (2. 85)	0. 0150** (1. 94)	-0. 0163 (-0. 51)
ln*Fin*	0. 0166** (2. 17)	0. 0071 (0. 43)	0. 0564*** (6. 05)	0. 0111* (1. 82)
ln*Hum*	0. 0007 (0. 28)	0. 0031 (1. 02)	0. 0036 (1. 05)	-0. 0032 (-0. 63)
ln*Gov*	-0. 0056** (-2. 07)	-0. 0107** (-2. 15)	0. 0042 (1. 17)	0. 0001 (0. 01)
ln*Ind*	0. 0017 (0. 57)	0. 0024 (0. 47)	0. 0014 (0. 35)	0. 0003 (0. 05)
ln*Fdi*	-0. 0026** (-2. 09)	-0. 0026 (-1. 04)	-0. 0026 (-0. 87)	-0. 0035*** (-2. 59)
ln*Hea*	0. 0280*** (3. 73)	0. 0301* (1. 87)	0. 0226*** (2. 78)	0. 0218* (1. 93)
ln*Bas*	0. 0031 (0. 87)	0. 0022 (0. 24)	0. 0034 (0. 57)	0. 0030 (0. 66)
ln*Urb*	0. 0122* (1. 84)	0. 0278** (2. 04)	0. 0031 (0. 64)	-0. 0078 (-1. 01)
常数项	-0. 4245*** (-4. 90)	-0. 5098*** (-2. 97)	-0. 5199*** (-4. 80)	-0. 0727 (-0. 34)
个体固定效应	控制	控制	控制	控制
时间固定效应	控制	控制	控制	控制
F 值	14. 79***	7. 64***	9. 83***	3. 30***
N	2484	1071	711	702

二 改变估计方法

接下来，本章将分别运用面板校正标准误模型（PCSE）、基于可行广义最小二乘法的面板模型（FGLS）以及基于广义矩估计法的动态面板模型（SYS-GMM）来进行稳健性检验。稳健性检验结果见表 5-6。

表 5-6 稳健性检验：改变估计方法

	PCSE 估计	FGLS 估计	SYS-GMM 估计
	回归（1）	回归（2）	回归（3）
$\ln Gtfp_{i,t-1}$			-0.0588 (-1.11)
ln*Digital*	0.0797** (1.96)	0.0724*** (4.05)	0.1033 (1.18)
ln*Scale*	0.0041 (1.00)	-0.0043** (-2.15)	0.0269 (0.64)
ln*Fin*	0.0005 (0.15)	0.0025 (1.44)	0.0096 (1.13)
ln*Hum*	0.0010 (0.90)	-0.0006 (-0.86)	-0.0028 (-1.19)
ln*Gov*	0.0035* (1.89)	0.0022*** (2.45)	-0.0046 (-1.27)
ln*Ind*	0.0022 (0.93)	-0.0004 (-0.33)	0.0045 (1.27)
ln*Fdi*	-0.0015* (-1.93)	-0.0004 (-1.02)	0.0024 (1.08)
ln*Hea*	0.0096** (2.13)	0.0110*** (5.35)	0.0118 (1.24)
ln*Bas*	-0.0027 (-1.16)	-0.0020 (-1.60)	0.0002 (0.02)
ln*Urb*	0.0085*** (3.26)	0.0056*** (3.85)	-0.0062 (-0.36)
常数项	-0.0833* (-1.82)	-0.0452** (-2.25)	-0.2515 (-0.92)
个体固定效应	控制	控制	控制

续表

	PCSE 估计	FGLS 估计	SYS-GMM 估计
	回归（1）	回归（2）	回归（3）
时间固定效应	控制	控制	控制
AR（1）			-4.9485*** [0.01]
AR（2）			0.2281 [0.82]
Sargen Test			33.7913*** [0.01]
Wald 值	66.37***	188.72***	18.56*
N	2484	2484	2208

注：括号内为 Z 值；中括号内为 p 值，下同。

首先，本章对面板校正标准误模型的稳健性检验结果进行解析。回归（1）结果表明，在对城市规模、金融发展、人力资本、政府支出、产业结构升级、外商直接投资、公共服务、基础设施建设、城市化率变量控制后，核心解释变量数字经济对被解释变量城市绿色发展效率的边际系数显著为正，回归系数为 0.0797，而且该回归系数在 5%的显著性水平下显著。与前文基准回归结果对比可知，数字经济对城市绿色发展的估计系数的符号和显著性未发生明显变化，数字经济对城市绿色发展的正向影响效应得到进一步论证。

回归（2）结果表明，在对城市规模、金融发展、人力资本、政府支出、产业结构升级、外商直接投资、公共服务、基础设施建设、城市化率变量控制后，核心解释变量数字经济对被解释变量城市绿色发展效率的边际系数显著为正，回归系数为 0.0724，而且该回归系数在 1%的显著性水平下显著。与前文基准回归结果对比可知，数字经济对城市绿色发展的估计系数的符号和显著性未发生明显变化，数字经济对城市绿色发展的正向影响效应得到进一步论证。

在模型中引入了城市绿色发展效率这个指标的一阶滞后项，该实证模型将转变为动态面板模型。所以，本章将采用系统广义矩估计法（SYS-GMM）来对动态面板模型进行估计。与此同时，本章主要借助过度识别检验以及残差序列相关性检验判别模型设定以及估计结果是否是有效的。过度识别检验（Sargan 检验）与残差序列相关性检验（AR 检验）的原假设分别为过度识别约束有效和差分后残差项无序列相关，若二者均未拒绝原假设，则代表本章的模型设定和估计有效。此外，SYS-GMM 可以划分为一步法、两步法估计，因后者对截面相关与异方差更稳健，相对于一步法在非特殊情况下是更好的选择。基于上述说明，我们对 SYS-GMM 法的计量结果进行解析，回归（3）表示对全样本进行考察。从动态面板模型设定的有效性来看，AR（1）和 AR（2）检验结果表明，本章设定的动态面板数据模型形式是有效的，并且 Sargen 检验也认为模型中的工具变量均为严格外生。从具体的变量回归结果来看，数字经济对城市绿色发展效率的影响不显著。

三　选择工具变量

变量的内生性问题会影响估计结果的准确性。城市绿色发展效率也可能会对数字经济产生影响，会造成变量之间的因果关系得不到有效的识别。有鉴于此，本章将通过引入工具变量的方法来缓解内生性问题。具体而言，本章主要参照赵宸宇、王文春、李雪松（2021）以及张欣和董竹（2022）的做法，采用城市互联网宽带接入端口数量作为数字经济发展的工具变量，稳健性检验结果如表 5-7 所示。

表 5-7　　稳健性检验：工具变量法

	全样本	东部地区	中部地区	西部地区
	回归（1）	回归（2）	回归（3）	回归（4）
ln*Digital*	0.8050** （2.10）	0.6374* （1.73）	0.3746* （1.76）	0.2568 （0.50）

续表

	全样本	东部地区	中部地区	西部地区
	回归（1）	回归（2）	回归（3）	回归（4）
ln*Scale*	0.0368* (1.91)	0.0467* (1.66)	0.0251 (1.16)	-0.0594 (-0.54)
ln*Fin*	-0.0226* (-1.73)	-0.0174 (-1.01)	-0.0239 (-1.16)	0.0233 (0.53)
ln*Hum*	-0.0002 (-0.10)	0.0026 (0.92)	-0.0036 (-0.74)	0.0059 (0.40)
ln*Gov*	-0.0001 (-0.02)	0.0009 (0.20)	-0.0088 (-0.98)	0.0051 (0.69)
ln*Ind*	0.0003 (0.12)	0.0017 (0.34)	-0.0007 (-0.17)	-0.0009 (-0.16)
ln*Fdi*	-0.0034*** (-2.48)	-0.0068** (-1.98)	-0.0004 (-0.20)	-0.0001 (-0.01)
ln*Hea*	-0.0246 (-1.29)	-0.0221 (-0.77)	-0.0213 (-0.88)	0.0528 (0.56)
ln*Bas*	-0.0100** (-1.93)	-0.0117* (-1.88)	-0.0118* (-1.70)	0.0167 (0.70)
ln*Urb*	-0.0034 (-0.56)	0.0024 (0.21)	0.0013 (0.25)	0.0049 (0.50)
常数项	0.6461* (1.71)	0.4616 (0.99)	1.0104 (1.32)	-1.0495 (-0.53)
个体固定效应	控制	控制	控制	控制
时间固定效应	控制	控制	控制	控制
第一阶段	0.0043*** (3.27)	0.0048*** (2.62)	0.0054*** (3.11)	-0.0014 (-0.58)
Kleibergen-Paap rk LM 及 P 值	17.047*** [0.00]	11.644*** [0.00]	39.929*** [0.00]	0.296 [0.58]
Cragg-Donald Wald F	22.162	9.210	21.918	1.640

续表

	全样本	东部地区	中部地区	西部地区
	回归（1）	回归（2）	回归（3）	回归（4）
Kleibergen-Paap rk Wald F	10.689	6.850	9.665	0.340
N	2484	1071	711	702

对于全样本而言，在引入城市规模、金融发展、人力资本、政府支出、产业结构升级、外商直接投资、公共服务、基础设施建设、城市化率作为模型的控制变量之后，数字经济在5%显著性水平下对城市绿色发展效率存在正向影响，回归系数为0.8050。与此同时，从不同区域来看，在引入城市规模、金融发展、人力资本、政府支出、产业结构升级、外商直接投资、公共服务、基础设施建设、城市化率作为模型的控制变量之后，东部地区和中部地区数字经济对城市绿色发展效率存在正向影响，回归系数分别为0.6374、0.3746，且二者均在10%的显著性水平下显著。西部地区对城市绿色发展效率的促进效应并不显著。总的来说，本章在引入城市规模、金融发展、人力资本、政府支出、产业结构升级、外商直接投资、公共服务、基础设施建设、城市化率作为模型的控制变量之后，数字经济对城市绿色发展依然存在十分显著的正向效应。总体上，数字经济发展能够有效促进城市环境质量提升，进而能够有利于提升城市绿色发展效率。

本章小结

本章通过构建数字经济影响城市绿色发展的计量经济学模型，实证检验了数字经济对城市绿色发展的影响效应。首先，本章通过实证分析发现，数字经济对城市绿色发展的确存在十分显著的正向影响效应，促进数字经济发展将有利于提升城市绿色发展效率。其次，从区域异质性的回归结果来看，数字经济对我国东部地区和中部地区的城市绿色发展存在显著的正向影响效应，提高东部地区和中部地区的城市数字经济发展水平有利于提升城市绿色发展效率，但是对于西部地区而言，当前该区域城市数字经济发展水平较低，西部地区数字经济发展对城市绿色发展效率的影响还不显著。除此之外，本章还通过替换核心变量、改变不同方法以及选择相应的工具变量来进一步验证了研究结论的稳健性、可靠性、严谨性，结果发现本章的研究结论成立。

第六章　数字经济赋能城市绿色发展的中介效应分析

数字经济所引发的信息技术变革提高了信息的交流效率，有效促进了产业结构转型升级，这与城市绿色发展的理念十分契合。第五章采用面板数据模型研究了数字经济对城市绿色发展的直接效应，然而，对于数字经济影响城市绿色发展的绿色技术创新传导机制，并未展开深入实证探究。毋庸置疑，厘清数字经济影响城市绿色发展的绿色技术创新传导机制，有助于为决策层提供促进城市绿色发展的针对性政策。有鉴于此，本章将基于本书第三章的理论机理分析，结合中介效应模型的基本理论原理，利用 2011—2019 年中国 276 个城市的面板数据，构建数字经济影响城市绿色发展的传导机制实证分析框架，从绿色技术创新视角来进一步揭示数字经济影响城市绿色发展的中介效应机制。

第一节　模型设计、变量指标与数据来源

一　实证模型设计

首先，为了检验数字经济对城市绿色发展的绿色技术创新效应机制，本章结合中介效应模型基本原理，设计了数字经济影响绿色技术创新的计量模型。具体如下：

$$Technology_{it}=\alpha+\beta Digital_{it}+\delta X_{it}+v_i+u_t+\mu_{it} \tag{6-1}$$

其中，$Technology_{it}$ 为绿色技术创新；$Digital_{it}$ 为数字经济。同

时，本章还引入了一系列反映城市特征的控制变量，记为 X，主要包括城市规模（*Scale*）、金融发展（*Fin*）、人力资本（*Hum*）、财政支出（*Gov*）、产业结构升级（*Ind*）、外商直接投资（*Fdi*）、公共服务（*Hea*）、基础设施建设（*Bas*）、城市化率（*Urb*）。除此之外，v_i 和 u_t 分别是个体效应和时间效应；下标“i”和“t”分别是个体和时间；ε_{it} 为随机扰动项。

其次，本章需要检验数字经济通过绿色技术创新影响城市绿色发展的传导机制，因此需要将绿色技术创新作为中介变量纳入模型中，具体设定如下计量模型：

$$Gtfp_{it}=\alpha+\beta Digital_{it}+\theta Technology_{it}+\delta X_{it}+v_i+u_t+\mu_{it} \tag{6-2}$$

其中，$Gtfp_{it}$ 为城市绿色发展效率；$Digital_{it}$ 为数字经济；$Technology_{it}$ 为绿色技术创新；β、θ、δ 为待估计系数，其他变量和符号的含义与方程（6-1）保持一致。

二　变量指标说明

（一）被解释变量

城市绿色发展（*Gtfp*）。该指标主要根据前文第四章基于非径向的 SBM 模型和全局 Malmquist-Luenberger 指数对“城市绿色发展效率”的测算结果进行度量，此处不再进行赘述。

（二）核心解释变量

数字经济（*Digital*）。根据前文的理论分析可知，数字经济是影响城市绿色发展的重要因素。那么，刻画数字经济指标就是验证二者之间关系的前提。为此，本章以第四章数字经济指标测度为基础，利用百人中互联网宽带接入用户数、计算机服务和软件业从业人员占城镇单位从业人员比重、人均电信业务总量和百人中移动电话用户数 4 个方面的指标以及中国数字普惠金融指数来对城市数字经济发展水平进行测度。通过主成分分析的方法，将上述 5 个指标的数据标准化后降维处理，从而获得数字经济发展指数。

（三）中介变量

绿色技术创新（*Technology*）。首先，目前针对技术创新的度量指标，学者仍未达成一致的意见。总的来说，采用专利数量度量创新的产出水平是相对可行的。专利数据能够较为真实反映地区的技术创新水平，学界普遍使用专利申请数或专利授权数来衡量城市创新成果产出（杨开忠、范博凯、董亚宁，2022；玉国华，2022）。从实际来看，增加技术创新投入、提高技术创新产出（如专利授权、科技发明等）和加大技术引进力度是促进技术进步的主要途径，由于发明专利的研发成本与技术复杂度更高，且申请程序与保护规定更严格，更能体现城市创新的能力。因此，本章使用每万人绿色发明专利申请总量来刻画城市绿色技术创新水平。

（四）控制变量

为了尽可能地避免因遗漏重要变量所造成的内生性问题，本章在计量回归模型中引入了系列控制变量，主要包括：

第一，城市规模（*Scale*）。一般而言，城市规模越大，表示城市所容纳的人口就越多，则城市环境受到的影响可能也越大。结合数据可得性，本章采用城市总人口的自然对数进行刻画。

第二，金融发展（*Fin*）。金融是经济发展的核心要素，其在动员储蓄、转化社会闲散资金和风险分散等方面发挥着至关重要的作用（林毅夫、徐立新、寇宏等，2012；张成思和张步昙，2016；邓翔和玉国华，2020）。同时，金融对技术创新具有重要影响，因而对城市碳排放也会产生影响。为此，本章采用年末金融机构各项贷款余额与 GDP 之比来度量城市金融发展水平。

第三，人力资本（*Hum*）。人力资本是技术创新的核心驱动力，人力资本积累越多，则技术创新的可能性越大。鉴于《中国城市统计年鉴》中并未对城市居民的受教育程度进行详尽统计调查。所以，本章采用每万人在校大学生数作为衡量人力资本水平高低的代理变量。

第四，财政支出（*Gov*）。地方政府在城市环境治理过程中有着举足轻重的地位，是城市实现绿色发展的重要手段之一，本章主要采用财政支出与财政收入之比表示财政支出水平。

第五，产业结构升级（*Ind*）。产业结构升级对城市绿色发展效率的提升而言十分重要，一般来说，一个国家或地区服务业所占比重越高，那么该国家或地区造成污染的可能性也就越小，所以产业结构升级对城市绿色发展具有重要作用。不失一般性，本章以城市第三产业增加值与第二产业增加值之比来度量产业结构升级水平。

第六，外商直接投资（*Fdi*）。外商直接投资可以从产出效应（Lee，2013）、技术溢出效应（Ambec et al.，2013；Hu et al.，2018）和投资增长效应（Shahbaz et al.，2015）等多个层面影响城市碳排放。本章利用中国外商实际投资总额来反映外商直接投资水平。

第七，公共服务（*Hea*）。公共服务作为城市的重要特征之一，需要在回归分析时加以考虑。为此，本章主要以城市执业医生人数进行度量，指标越大说明公共服务水平越高。

第八，基础设施建设（*Bas*）。城市碳排放不能仅归咎于经济增长水平高低，而且还要考虑城市道路基础设施的差异问题。城市道路基础设施供给能力是吸引外来人口的首要因素，进而影响城市绿色发展效率。为此，本章采用人均道路面积来测度城市基础设施建设水平。

第九，城市化率（*Urb*）。一个城市的城市化水平越高，代表城市环境治理的能力越强。为此，本章结合数据可得性，主要通过城市辖区人口数量与城市总人口的比值来对城市化水平进行度量。

三　数据来源与描述性统计

鉴于统计口径的一致性和数据的连续性、可得性，本章使用中国 2011—2019 年 276 个地级以上城市数据展开实证研究，样本量为 2484。原始数据主要来自《中国城市统计年鉴》(2012—2020)、《中国区域经济统计年鉴》(2012—2014)、Wind 数据库、中国知识产权局网站（https：//www.cnipa.gov.cn）、《国民经济和社会发展统计公报》等。此外，本章还从《中国统计年鉴》(2012—2020 年）中筛选出省级层面的消费者价格指数并与其所对应的城市相匹配，以此消除价格变动所造成的影响，表 6-1 为变量描述性统计。我们从描述性统计结果来看，对于本章新增的城市绿色技术创新指标而言，其均值为 1.5195，说明每万人当中仅有 1.5195 个人申请绿色发明专利，这从侧面反映出中国整体的城市绿色技术创新水平还比较低。

表 6-1　　变量描述性统计

变量	均值	最小值	最大值	标准差	样本量（N）
Gtpf	1.0059	0.5012	1.8724	0.0569	2484
Digital	0.5998	0.5537	0.9537	0.0403	2484
Technology	1.5195	0.0000	49.9824	3.3387	2484
Scale	464.3165	19.5000	11098.4000	457.5130	2484
Fin	133.0785	37.1088	962.2103	62.1941	2484
Hum	215.8501	0.5920	3502.1800	273.7257	2484
Gov	10.8994	0.9232	126.5861	8.9627	2484
Ind	88.0242	14.8575	948.2222	47.1779	2484
Fdi	223501.1000	5.5271	6474034.0000	531557.4000	2484
Hea	10438.8500	777.0000	115771.0000	10282.0700	2484
Bas	1833.4820	52.0000	22160.0000	2310.1020	2484
Urb	37.5538	4.6775	100.0000	23.9578	2484

第二节　数字经济、绿色技术创新对城市绿色发展的影响解析

一　计量方法选择

本章将利用中国 2011—2019 年 276 个地级及以上城市的面板数据作为实证分析样本，结合面板数据的结构特征来对数字经济通过绿色技术创新影响城市绿色发展的作用机制和效应进行定量分析。

本章充分考虑我国数字经济发展和绿色技术创新过程中的阶段性特征，利用面板中介效应模型定量分析数字经济发展、绿色技术创新与城市绿色发展的传导路径。

首先，根据前文第四章的理论分析可知，数字经济会对绿色技术创新造成影响，并通过绿色技术创新来对城市绿色发展产生影响。也就是说，绿色技术创新是数字经济影响城市绿色发展的一个中介变量。为了能够深入分析数字经济通过绿色技术创新影响城市绿色发展的内在机制，本书主要参照温忠麟等（2005）、温忠麟和叶宝娟（2014）的做法，采用中介效应模型检验数字经济影响城市绿色发展的绿色技术创新效应。

$$Y=cX+e_1 \tag{6-3}$$

$$Z=aX+e_2 \tag{6-4}$$

$$Y=c'X+bZ+e_3 \tag{6-5}$$

其中，Y 为被解释变量，即城市绿色发展；X 为解释变量，即数字经济；Z 为中介变量，即绿色技术创新。

根据中介效应模型的检验原理，如果 a、b 都显著，那么可以证明中介效应存在，如果 a 和 b 中有一个显著，另一个的显著性未知，则需要进行 Sobel 检验，若 Sobel 检验显著，则中介效应结论成立。其中，Sobel 检验的统计量为：

$$z=\frac{ab}{S_{ab}} \tag{6-6}$$

$$S_{ab}=\sqrt{a^2S_b^2+b^2S_a^2} \tag{6-7}$$

其中，S_a、S_b 分别为 a 和 b 的标准差。中介效应模型具体的检验流程如图 6-1 所示。

二　基准回归结果解析

本章基于 Preacher 和 Hayes（2008）的中介效应模型检验程序对中介效应面板模型进行实证分析，使用的分析软件为 SPSS 22.0，具体实证结果见表 6-2。

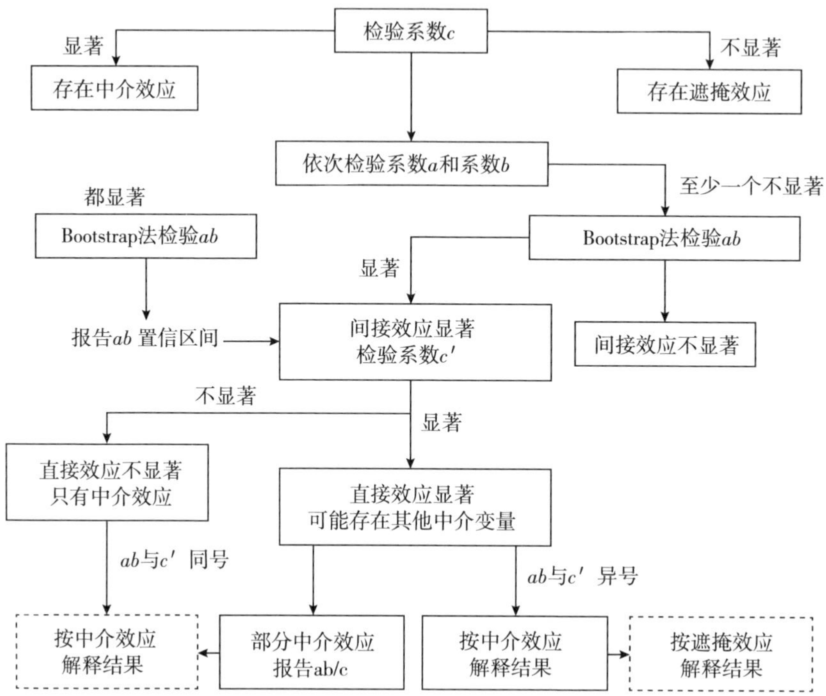

图 6-1　中介效应检验过程

表 6-2　　基准回归结果

解释变量	回归（1）	回归（2）	回归（3）
	ln*Gtfp*	ln*Technology*	ln*Gtfp*
ln*Digital*	0.1869*** （3.10）	5.2661*** （5.95）	0.1304** （2.22）
ln*Technology*			0.0107*** （6.12）
ln*Scale*	0.0224*** （3.08）	0.2241*** （2.88）	0.0200*** （2.76）
ln*Fin*	0.0169** （2.20）	0.3655*** （3.84）	0.0130* （1.68）
ln*Hum*	0.0022 （0.85）	0.2602*** （6.78）	-0.0006 （-0.23）

续表

解释变量	回归（1）	回归（2）	回归（3）
	lnGtfp	lnTechnology	lnGtfp
lnGov	-0.0048* (-1.77)	0.3054*** (7.24)	-0.0081*** (-2.88)
lnInd	0.0015 (0.52)	-0.0057 (-0.17)	0.0015 (0.54)
lnFdi	-0.0024* (-1.90)	-0.0923*** (-4.94)	-0.0014 (-1.12)
lnHea	0.0260*** (3.52)	1.0743*** (7.50)	0.0145** (2.04)
lnBas	0.0023 (0.62)	0.0003 (0.01)	0.0023 (0.63)
lnUrb	0.0110* (1.65)	0.1787*** (3.05)	0.0091 (1.38)
常数项	-0.3809*** (-3.78)	-13.0973*** (-7.58)	-0.2406** (-2.42)
个体固定效应	控制	控制	控制
时间固定效应	控制	控制	控制
F 值	12.01***	88.19***	14.59***
N	2484	2484	2484

注：*** 表示 $p<0.01$，** 表示 $p<0.05$，* 表示 $p<0.1$；系数下方括号内为 t 值，根据个体聚类稳健标准误计算。下同。

首先，通过观察数字经济对城市绿色发展的直接影响效应可以看出，在1%的显著性水平下，数字经济对城市绿色发展具有正向影响效应，回归系数为0.1869。同时，通过观察数字经济对绿色技术创新的直接影响效应可以看出，即回归（2）的计量估计结果，数字经济在1%的显著性水平下对绿色技术创新具有正向影响效应，回归系数为5.2661。进一步地，回归（3）的计量估计结果显示，将数字经济和绿色技术创新引入模型当中时，二者对城市绿色发展均存在显著的正向影响效应，二者分别在5%和1%的显著性水平下对城市绿色发展具有正向影响效应，系数分别为0.1304和0.0107。

由此可见，数字经济能够通过促进绿色技术创新来对城市绿色发展产生显著的正向影响。

三 异质性回归结果解析

本章遵照《中国统计年鉴》对不同区域的划分标准，将全样本依次划分为东部、中部、西部地区三个子样本进行对比研究，以此来观察不同地区之间数字经济、绿色技术创新对城市绿色发展的影响效应是否存在异质性。

第一，东部地区。表 6-3 回归（1）显示，数字经济发展在 1%的显著性水平下对城市绿色发展具有正向促进作用，回归系数为 0.1639。回归（2）显示，数字经济在 1%的显著性水平下对绿色技术创新具有正向影响效应，回归系数为 4.7742。回归（3）显示，将数字经济、绿色技术创新引入模型当中时，数字经济对城市绿色发展效率的影响不显著，绿色技术创新在 1%的显著性水平下对城市绿色发展具有正向影响效应，系数为 0.0205。由此可见，对于东部地区而言，数字经济发展不仅能够显著提升绿色技术创新水平，还能通过提升绿色技术创新水平来间接促进城市绿色发展。

表 6-3 异质性检验：东部地区

	回归（1）	回归（2）	回归（3）
	ln*Gtfp*	ln*Technology*	ln*Gtfp*
ln*Digital*	0.1639 * (1.79)	4.7742 *** (5.09)	0.0659 (0.75)
ln*Technology*			0.0205 *** (4.24)
ln*Scale*	0.0367 *** (3.05)	0.1441 * (1.88)	0.0337 *** (2.74)
ln*Fin*	0.0082 (0.50)	0.2548 *** (2.78)	0.0029 (0.18)
ln*Hum*	0.0051 (1.63)	0.1351 *** (2.81)	0.0024 (0.83)

续表

	回归（1）	回归（2）	回归（3）
	ln*Gtfp*	ln*Technology*	ln*Gtfp*
ln*Gov*	-0.0100** (-2.01)	0.3506*** (5.71)	-0.0172*** (-3.24)
ln*Ind*	0.0020 (0.40)	-0.0805** (-2.22)	0.0037 (0.73)
ln*Fdi*	-0.0024 (-0.98)	-0.0838*** (-4.26)	-0.0007 (-0.29)
ln*Hea*	0.0276* (1.74)	1.0865*** (4.87)	0.0053 (0.36)
ln*Bas*	0.0034 (0.36)	0.1168 (1.07)	0.0010 (0.10)
ln*Urb*	0.0267* (1.92)	0.2277*** (2.76)	0.0220 (1.57)
常数项	-0.5278*** (-2.71)	-11.7344*** (-4.23)	-0.2869 (-1.50)
个体固定效应	控制	控制	控制
时间固定效应	控制	控制	控制
F 值	6.00***	98.89***	6.61***
N	1071	1071	1071

第二，中部地区。表 6-4 回归（1）列示了数字经济对城市绿色发展的实证结果。结果显示，数字经济发展在 1%的显著性水平下对城市绿色发展具有正向促进作用，回归系数为 0.3876。回归（2）结果显示，数字经济在 1%的显著性水平下对绿色技术创新具有正向影响效应，回归系数为 6.5133。进一步地，回归（3）结果显示，将数字经济、绿色技术创新引入模型当中时，数字经济在 1%的显著性水平下对城市绿色发展效率存在正向影响效应，绿色技术创新在 1%的显著性水平下对城市绿色发展具有正向影响效应，系数分别为 0.2826 和 0.0161。由此可见，对于中部地区而言，数字经济发展不仅能够显著提升绿色技术创新水平，还能通过提升绿

色技术创新水平来间接促进城市绿色发展。

表 6-4　　　　异质性检验：中部地区

	回归（1）	回归（2）	回归（3）
	lnGtfp	lnTechnology	lnGtfp
lnDigital	0.3876*** (4.35)	6.5133*** (2.94)	0.2826*** (2.92)
lnTechnology			0.0161*** (4.84)
lnScale	0.0169** (2.17)	0.2038* (1.85)	0.0136* (1.69)
lnFin	0.0547*** (6.12)	1.1056*** (6.79)	0.0368*** (4.13)
lnHum	0.0053 (1.63)	0.2853*** (3.65)	0.0007 (0.19)
lnGov	0.0034 (0.98)	0.5622*** (8.03)	-0.0057 (-1.59)
lnInd	0.0012 (0.29)	-0.0256 (-0.64)	0.0016 (0.41)
lnFdi	-0.0012 (-0.37)	-0.2056*** (-3.34)	0.0022 (0.62)
lnHea	0.0161** (1.94)	1.0146*** (5.37)	-0.0003 (-0.03)
lnBas	0.0010 (0.17)	0.2803** (2.41)	-0.0035 (-0.59)
lnUrb	0.0024 (0.49)	0.1456** (2.34)	0.0001 (0.01)
常数项	-0.3340*** (-2.70)	-15.4529*** (-5.98)	-0.0848 (-0.66)
个体固定效应	控制	控制	控制
时间固定效应	控制	控制	控制
F 值	10.05***	86.49***	11.83***
N	711	711	711

第三，西部地区。表 6-5 回归（1）列示了数字经济对城市绿色发展的实证结果，结果显示，在对城市规模、金融发展、人力资本、政府支出、产业结构升级、外商直接投资、公共服务、基础设施建设、城市化率变量控制后，数字经济对城市绿色发展具有正向促进作用，回归系数在统计意义上并不显著。回归（2）结果显示，数字经济在 1%的显著性水平下对绿色技术创新具有正向影响效应，回归系数为 6.4882。进一步地，回归（3）结果显示，将数字经济、绿色技术创新引入模型当中时，数字经济对城市绿色发展效率的影响效应不显著，绿色技术创新在 1%的显著性水平下对城市绿色发展具有正向影响效应，系数为 0.0114。由此可见，对于西部地区而言，数字经济发展能够显著提升绿色技术创新水平，但是却难以通过绿色技术创新水平来间接促进城市绿色发展，这与东部地区和中部地区的回归结果存在显著的差异。因此，未来进一步提高西部地区城市数字经济发展水平是十分紧迫和必要的。

表 6-5　　异质性检验：西部地区

解释变量	回归（1）	回归（2）	回归（3）
	ln*Gtfp*	ln*Technology*	ln*Gtfp*
ln*Digital*	0.0286 (0.31)	6.4882*** (3.56)	-0.0453 (-0.52)
ln*Technology*			0.0114*** (4.69)
ln*Scale*	-0.0199 (-0.60)	0.4276 (0.47)	-0.0248 (-0.79)
ln*Fin*	0.0117* (1.90)	0.4856*** (3.13)	0.0062 (0.97)
ln*Hum*	-0.0025 (-0.52)	0.3159*** (7.49)	-0.0061 (-1.16)
ln*Gov*	0.0010 (0.23)	0.3582*** (5.41)	-0.0031 (-0.73)

续表

解释变量	回归（1）	回归（2）	回归（3）
	ln*Gtfp*	ln*Technology*	ln*Gtfp*
ln*Ind*	0. 0001 （0. 02）	0. 1015 * （1. 66）	−0. 0011 （−0. 20）
ln*Fdi*	−0. 0036 *** （−2. 61）	−0. 1112 *** （−4. 04）	−0. 0023 * （−1. 69）
ln*Hea*	0. 0233 ** （2. 01）	0. 8149 *** （3. 22）	0. 0141 （1. 28）
ln*Bas*	0. 0027 （0. 59）	−0. 0838 （−0. 93）	0. 0037 （0. 84）
ln*Urb*	−0. 0091 （−1. 17）	0. 1250 （1. 00）	−0. 0105 （−1. 37）
常数项	−0. 0766 （−0. 33）	−11. 1319 ** （−2. 16）	0. 0503 （0. 23）
个体固定效应	控制	控制	控制
时间固定效应	控制	控制	控制
F 值	2. 62 ***	57. 43 ***	4. 99 ***
N	702	702	702

本章根据上述检验结果发现：整体上，数字经济对不同区域的城市绿色技术创新存在显著的正向影响效应，进一步提高城市数字经济发展水平有利于提升城市绿色技术创新水平。同时，从异质性的角度来看，对于东部地区和中部地区而言，数字经济发展不仅能够显著提升绿色技术创新水平，还能通过提升绿色技术创新水平来间接促进城市绿色发展，对于西部地区而言，虽然数字经济发展能够显著提升绿色技术创新水平，但是却难以通过绿色技术创新水平来间接促进城市绿色发展。

第三节 稳健性检验

一 替换核心变量

本章首先采用更换核心变量的方法来进行稳健性检验。具体而言，本章通过采用熵值法对数字经济指标进行重新测算，然后再利用新测算的数字经济指标进行回归分析。值得说明的是，两种方法计算出来的数字经济发展指数虽然在具体数值上存在细微的差别，但不改变数字经济发展的动态变化趋势及主要特征，详细的回归结果如表 6-6 所示。

表 6-6　　替换核心变量：全样本

	回归（1）	回归（2）	回归（3）
	ln*Gtfp*	ln*Technology*	ln*Gtfp*
ln*Digital*	0.0268*** (4.60)	0.5782*** (6.36)	0.0180*** (3.08)
ln*Technology*			0.0152*** (7.45)
ln*Scale*	0.0210*** (2.93)	0.2053*** (2.90)	0.0179*** (2.51)
ln*Fin*	0.0166** (2.17)	0.4398*** (5.85)	0.0100 (1.27)
ln*Hum*	0.0007 (0.28)	0.2252*** (7.09)	-0.0027 (-0.99)
ln*Gov*	-0.0056** (-2.07)	0.3991*** (10.93)	-0.0116*** (-4.07)
ln*Ind*	0.0017 (0.57)	-0.0029 (-0.10)	0.0017 (0.60)
ln*Fdi*	-0.0026** (-2.09)	-0.0972*** (-6.03)	-0.0012 (-0.91)

续表

	回归（1）	回归（2）	回归（3）
	ln*Gtfp*	ln*Technology*	ln*Gtfp*
ln*Hea*	0.0280*** (3.73)	1.1032*** (8.55)	0.0113* (1.64)
ln*Bas*	0.0031 (0.87)	0.0662 (0.98)	0.0021 (0.59)
ln*Urb*	0.0122* (1.84)	0.1799*** (3.63)	0.0095 (1.43)
常数项	-0.4245*** (-4.90)	-14.5371*** (-10.24)	-0.2039** (-2.40)
个体固定效应	控制	控制	控制
时间固定效应	控制	控制	控制
F 值	14.79***	150.62***	18.76***
N	2484	2484	2484

第一，全样本回归结果。我们从更换数字经济发展指标度量方法的稳健性检验结果可以看出，在对城市规模、金融发展、人力资本、政府支出、产业结构升级、外商直接投资等控制变量进行控制后，核心解释变量数字经济（ln*Digital*）对被解释变量城市绿色发展（ln*Gtfp*）的边际系数显著为正，回归系数为 0.0268，且回归（1）的系数在 1%的显著性水平下显著。在 1%的显著性水平下，数字经济（ln*Digital*）对绿色技术创新（ln*Technology*）具有显著的正向促进作用（回归系数为 0.5782），并且同时加入数字经济（ln*Digital*）、绿色技术创新（ln*Technology*）两个变量之后，二者对城市绿色发展（ln*Gtfp*）也显著为正（回归系数分别为 0.0180 和 0.0152）。这意味着，促进数字经济发展能够有效提升绿色技术创新水平进而有助于实现城市绿色发展，前文研究结论被进一步证实。

第二，东部地区样本回归结果。通过观察表 6-7 回归（1）发现，在对城市规模、金融发展、人力资本、政府支出、产业结构升级、外商直接投资等控制变量进行控制后，核心解释变量数字经济（ln*Digital*）对被解释变量城市绿色发展（ln*Gtfp*）的边际系数显著为正，回归系数为0.0399，且在1%的显著性水平下显著。在1%的显著性水平下，回归（2）结果显示，数字经济（ln*Digital*）对绿色技术创新（ln*Technology*）具有显著的正向促进作用（回归系数为0.5147）。回归（3）结果显示，同时加入数字经济（ln*Digital*）、绿色技术创新（ln*Technology*）两个变量之后，二者对城市绿色发展（ln*Gtfp*）也显著为正（回归系数分别为0.0300和0.0191）。所以，对于东部地区而言，促进数字经济发展能够有效提升绿色技术创新水平，进而有助于实现城市绿色发展，前文研究结论得到有效证实。

表6-7 替换核心变量：东部地区

	回归（1）	回归（2）	回归（3）
	ln*Gtfp*	ln*Technology*	ln*Gtfp*
ln*Digital*	0.0399*** （3.66）	0.5147*** （5.07）	0.0300*** （2.76）
ln*Technology*			0.0191*** （3.88）
ln*Scale*	0.0337*** （2.85）	0.1159 （1.44）	0.0315*** （2.58）
ln*Fin*	0.0071 （0.43）	0.2508*** （2.70）	0.0023 （0.14）
ln*Hum*	0.0031 （1.02）	0.1119** （2.44）	0.0009 （0.33）
ln*Gov*	-0.0107** （-2.15）	0.3476*** （5.49）	-0.0174*** （-3.29）
ln*Ind*	0.0024 （0.47）	-0.0776** （-2.13）	0.0039 （0.77）
ln*Fdi*	-0.0026 （-1.04）	-0.0905*** （-4.71）	-0.0008 （-0.34）

续表

	回归（1）	回归（2）	回归（3）
	ln*Gtfp*	ln*Technology*	ln*Gtfp*
ln*Hea*	0.0301* (1.87)	1.2044*** (5.54)	0.0071 (0.48)
ln*Bas*	0.0022 (0.24)	0.1484 (1.26)	-0.0006 (-0.06)
ln*Urb*	0.0278** (2.04)	0.2616*** (3.01)	0.0228* (1.65)
常数项	-0.5098*** (-2.97)	-14.0889*** (-5.44)	-0.2405 (-1.37)
个体固定效应	控制	控制	控制
时间固定效应	控制	控制	控制
F值	7.64***	98.62***	7.47***
N	1071	1071	1071

第三，中部地区样本回归结果。通过观察表6-8回归（1）发现，在对城市规模、金融发展、人力资本、政府支出、产业结构升级、外商直接投资等控制变量进行控制后，核心解释变量数字经济（ln*Digital*）对被解释变量城市绿色发展（ln*Gtfp*）的边际系数显著为正，回归系数为0.0293，且在1%的显著性水平下显著。回归（2）结果显示，在1%的显著性水平下，数字经济（ln*Digital*）对绿色技术创新（ln*Technology*）具有显著的正向促进作用（回归系数为0.6532）。回归（3）结果显示，同时加入数字经济（ln*Digital*）、绿色技术创新（ln*Technology*）两个变量之后，二者对城市绿色发展（ln*Gtfp*）也显著为正（回归系数分别为0.0183和0.0169）。所以，对于中部地区而言，促进数字经济发展能够有效提升绿色技术创新水平进而有助于实现城市绿色发展，前文研究结论得到有效证实。

表 6-8　　替换核心变量：中部地区

	回归（1）	回归（2）	回归（3）
	ln*Gtfp*	ln*Technology*	ln*Gtfp*
ln*Digital*	0.0293*** (3.72)	0.6532*** (4.70)	0.0183** (2.12)
ln*Technology*			0.0169*** (4.77)
ln*Scale*	0.0150* (1.94)	0.1653 (1.51)	0.0122 (1.52)
ln*Fin*	0.0564*** (6.05)	1.1124*** (7.00)	0.0376 (4.17)
ln*Hum*	0.0036 (1.05)	0.2457*** (3.28)	-0.0006 (0.15)
ln*Gov*	0.0042 (1.17)	0.5622*** (8.50)	-0.0053 (1.48)
ln*Ind*	0.0014 (0.35)	-0.0227 (-0.56)	0.0018 (0.45)
ln*Fdi*	-0.0026 (-0.87)	-0.2249*** (-3.80)	0.0012 (0.33)
ln*Hea*	0.0226*** (2.78)	1.1029*** (5.92)	0.0039 (0.44)
ln*Bas*	0.0034 (0.57)	0.3066*** (2.56)	-0.0018 (0.31)
ln*Urb*	0.0031 (0.64)	0.1574*** (2.47)	0.0004 (0.08)
常数项	-0.5199*** (-4.80)	-17.7313*** (-8.33)	-0.2202** (1.97)
个体固定效应	控制	控制	控制
时间固定效应	控制	控制	控制
F 值	9.83***	95.97***	11.34***
N	711	711	711

第四，西部地区样本回归结果。通过观察表 6-9 回归（1）发现，在对城市规模、金融发展、人力资本、政府支出、产业结构升

级、外商直接投资等控制变量进行控制后，核心解释变量数字经济（ln*Digital*）对被解释变量城市绿色发展（ln*Gtfp*）的回归系数在统计意义上不显著。回归（2）结果显示，在1%的显著性水平下，数字经济（ln*Digital*）对绿色技术创新（ln*Technology*）具有显著的正向促进作用（回归系数为0.4632）。回归（3）结果显示，同时加入数字经济（ln*Digital*）、绿色技术创新（ln*Technology*）两个变量之后，后者对城市绿色发展（ln*Gtfp*）的影响系数为0.0107），但前者的回归系数在统计上不显著。

表6-9 替换核心变量：西部地区

	回归（1）	回归（2）	回归（3）
	ln*Gtfp*	ln*Technology*	ln*Gtfp*
ln*Digital*	0.0104 (1.18)	0.4632*** (2.64)	0.0055 (0.63)
ln*Technology*			0.0107*** (4.49)
ln*Scale*	-0.0163 (-0.51)	0.4405 (0.48)	-0.0211 (-0.71)
ln*Fin*	0.0111* (1.82)	0.5116*** (3.16)	0.0056 (0.89)
ln*Hum*	-0.0032 (-0.63)	0.3029*** (6.91)	-0.0065 (-1.19)
ln*Gov*	0.0001 (0.01)	0.3746*** (5.70)	-0.0040 (-1.02)
ln*Ind*	0.0003 (0.05)	0.1047* (1.67)	-0.0009 (-0.16)
ln*Fdi*	-0.0035*** (-2.59)	-0.1160*** (-4.13)	-0.0023* (-1.68)
ln*Hea*	0.0218* (1.93)	0.8746*** (3.44)	0.0125 (1.13)
ln*Bas*	0.0030 (0.66)	-0.0404 (-0.43)	0.0035 (0.80)

续表

	回归（1）	回归（2）	回归（3）
	ln*Gtfp*	ln*Technology*	ln*Gtfp*
ln*Urb*	-0.0078 (-1.01)	0.1185 (0.96)	-0.0090 (-1.19)
常数项	-0.0727 (-0.34)	-14.3328*** (-2.90)	0.0812 (0.39)
个体固定效应	控制	控制	控制
时间固定效应	控制	控制	控制
F 值	3.30***	59.42***	5.82***
N	702	702	702

二 改变方法

运用面板校正标准误模型、基于可行广义最小二乘法的面板模型来进行稳健性检验，稳健性检验结果见表 6-10 和表 6-11。

首先，对面板校正标准误模型的稳健性检验结果进行解析。表 6-10 回归（1）结果表明，在对城市规模、金融发展、人力资本、政府支出、产业结构升级、外商直接投资、公共服务、基础设施建设、城市化率变量控制后，核心解释变量数字经济（ln*Digital*）对被解释变量城市绿色发展（ln*Gtfp*）的回归系数为 0.0797，且在 5%的显著性水平下显著。回归（2）结果显示，在 1%的显著性水平下，数字经济（ln*Digital*）对绿色技术创新（ln*Technology*）具有显著的正向促进作用（回归系数为 6.1558）。回归（3）结果显示，在加入数字经济（ln*Digital*）、绿色技术创新（ln*Technology*）两个变量之后，后者的回归系数为 0.0065，但数字经济的回归系数在统计意义上不显著。总的来说，与前文基准回归结果对比可知，数字经济对城市绿色发展的估计系数的符号和显著性未发生明显变化，数字经济通过绿色技术创新对城市绿色发展的正向影响效应被进一步论证。

表 6-10 稳健性检验：PCSE 法

	回归（1）	回归（2）	回归（3）
	ln*Gtfp*	ln*Technology*	ln*Gtfp*
*ln*Digital	0.0797** (1.96)	6.1558*** (15.13)	0.0305 (0.57)
ln*Technology*			0.0065*** (5.36)
ln*Scale*	0.0041 (1.00)	-0.1389*** (-3.02)	0.0037 (0.85)
ln*Fin*	0.0005 (0.15)	0.2700*** (4.93)	0.0016 (0.47)
ln*Hum*	0.0010 (0.90)	0.1460*** (7.61)	-0.0021* (-1.67)
ln*Gov*	0.0035* (1.89)	0.1472*** (6.00)	0.0018 (0.88)
ln*Ind*	0.0022 (0.93)	-0.0112 (-0.55)	0.0015 (0.58)
ln*Fdi*	-0.0015* (-1.93)	0.0078 (0.73)	-0.0014* (-1.80)
ln*Hea*	0.0096** (2.13)	0.3726*** (7.01)	0.0078* (1.72)
ln*Bas*	-0.0027 (-1.16)	0.3792*** (9.56)	-0.0049** (-2.05)
ln*Urb*	0.0085*** (3.26)	0.1990*** (5.81)	0.0069*** (2.58)
常数项	-0.0833* (-1.82)	-5.7613*** (10.80)	-0.0493 (-0.98)
个体固定效应	控制	控制	控制
时间固定效应	控制	控制	控制
Wald 值	66.37***	2479.87***	90.89***
N	2484	2484	2484

注：括号内为 z 统计值；中括号内为 p 值。下同。

其次，对基于可行广义最小二乘法的面板模型的稳健性检验结果进行解析。表 6-11 回归（1）结果表明，在对城市规模、金融发展、人力资本、政府支出、产业结构升级、外商直接投资、公共服务、基础设施建设、城市化率变量控制后，核心解释变量数字经济（ln*Digital*）对被解释变量城市绿色发展效率（ln*Gtfp*）的回归系数为 0.0724，而且在 1%的显著性水平下显著。与前文基准回归结果对比可知，数字经济对城市绿色发展的估计系数的符号和显著性未发生明显变化，数字经济对城市绿色发展的正向影响效应仍被进一步论证。回归（2）结果表明，数字经济（ln*Digital*）对绿色技术创新（ln*Technology*）具有显著的正向促进作用（回归系数为 5.6830）。回归（3）结果显示，在加入数字经济（ln*Digital*）、绿色技术创新（ln*Technology*）两个变量之后，二者对城市绿色发展（ln*Gtfp*）也为正（回归系数分别为 0.0413 和 0.0048），而且二者的回归系数分别在 5%和 1%的显著性水平下显著，所以，数字经济能够通过绿色技术创新对城市绿色发展产生正向影响效应。

表 6-11　　稳健性检验：FGLS 法

	回归（1）	回归（2）	回归（3）
	ln*Gtfp*	ln*Technology*	ln*Gtfp*
ln*Digital*	0.0724*** (4.05)	5.6830*** (17.57)	0.0413** (2.20)
ln*Technology*			0.0048*** (7.10)
ln*Scale*	-0.0043** (-2.15)	-0.0748*** (-2.04)	-0.0023 (-1.15)
ln*Fin*	0.0025 (1.44)	0.3107*** (7.68)	0.0031* (1.81)
ln*Hum*	-0.0006 (-0.86)	0.1456*** (10.15)	-0.0023*** (-3.13)
ln*Gov*	0.0022*** (2.45)	0.1580*** (8.22)	0.0011 (1.19)

续表

	回归（1）	回归（2）	回归（3）
	lnGtfp	lnTechnology	lnGtfp
lnInd	-0.0004 (-0.33)	-0.0134 (-0.84)	-0.0004 (-0.32)
lnFdi	-0.0004 (-1.02)	-0.0084 (-1.00)	-0.0007* (-1.80)
lnHea	0.0110*** (5.35)	0.3289*** (7.92)	0.0089*** (4.20)
lnBas	-0.0020 (-1.60)	0.3986*** (13.52)	-0.0041*** (-3.22)
lnUrb	0.0056*** (3.85)	0.1933*** (6.96)	0.0053*** (3.63)
常数项	-0.0452** (-2.25)	-6.1129*** (-14.50)	-0.0235 (-1.16)
个体固定效应	控制	控制	控制
时间固定效应	控制	控制	控制
Wald 值	66.37***	4050.93***	237.57***
N	2484	2484	2484

三 选择工具变量

参照赵宸宇、王文春、李雪松（2021）以及张欣和董竹（2022）的做法，采用城市互联网宽带接入端口数量作为数字经济发展的工具变量，稳健性检验结果如表 6-12 所示。

表 6-12　　稳健性检验：工具变量法

	回归（1）	回归（2）	回归（3）
	lnGtfp	lnTechnology	lnGtfp
lnDigital	0.8050** (2.10)	57.1768*** (4.31)	2.5836 (0.61)
lnTechnology			0.0311 (0.50)

续表

	回归（1）	回归（2）	回归（3）
	ln*Gtfp*	ln*Technology*	ln*Gtfp*
ln*Scale*	0.0368* (1.91)	2.0646*** (3.09)	0.1010 (0.63)
ln*Fin*	-0.0226* (-1.73)	-1.7346*** (-3.87)	-0.0765 (-0.59)
ln*Hum*	-0.0002 (-0.10)	0.2908*** (4.19)	0.0089 (0.48)
ln*Gov*	-0.0001 (-0.02)	-0.0236 (-0.26)	-0.0008 (-0.14)
ln*Ind*	0.0003 (0.12)	-0.0894 (-0.90)	-0.0024 (-0.31)
ln*Fdi*	-0.0034*** (-2.48)	-0.1150*** (-2.54)	-0.0069 (-0.76)
ln*Hea*	-0.0246 (-1.29)	-2.0150*** (-3.02)	-0.0873 (-0.56)
ln*Bas*	-0.0100** (-1.93)	-0.0995 (-0.58)	-0.0131 (-0.89)
ln*Urb*	-0.0034 (-0.56)	-0.6736*** (-2.99)	-0.0244 (-0.47)
常数项	0.6461* (1.71)	46.1116*** (3.56)	2.0804 (0.59)
第一阶段	0.0043*** (3.27)	0.0043*** (3.27)	0.0007 (0.68)
个体固定效应	控制	控制	控制
时间固定效应	控制	控制	控制
Kleibergen-Paap rk LM 及 P 值	17.047*** [0.00]	17.047*** [0.00]	0.502 [0.48]
Cragg-Donald Wald F	22.162	22.162	0.652
Kleibergen-Paap rk Wald F	10.689	10.689	0.463
N	2484	2484	2484

对于全样本而言，在引入城市规模、金融发展、人力资本、政

府支出、产业结构升级、外商直接投资、公共服务、基础设施建设、城市化率作为模型的控制变量之后，数字经济在5%的显著性水平下对城市绿色发展效率存在正向影响，回归系数为0.8050。回归（2）结果显示，数字经济（ln*Digital*）对绿色技术创新（ln*Technology*）具有显著的正向促进作用，回归系数为57.1768，且在1%的显著性水平下显著，这就说明数字经济能够提升绿色技术创新水平。回归（3）结果显示，在加入数字经济（ln*Digital*）、绿色技术创新（ln*Technology*）两个变量之后，二者对城市绿色发展（ln*Gtfp*）的影响不显著。总的来说，本章在引入城市规模、金融发展、人力资本、政府支出、产业结构升级、外商直接投资、公共服务、基础设施建设、城市化率作为模型的控制变量之后，数字经济、绿色技术创新对城市绿色发展依然存在十分显著的正向效应。总而言之，数字经济发展能够有效提升绿色技术创新，进而能够有利于提高城市绿色发展效率。

本章小结

数字经济赋能城市绿色发展需要依托一定的技术手段，并充分调动市场各类主体参与城市绿色发展建设的积极性。城市绿色技术创新水平的高低反映了城市环境治理能力以及可持续发展的技术支撑水平，更深层次地反映了城市社会经济发展的方式。本章基于2011—2019年中国276个城市的面板数据，运用中介效应模型分析数字经济、绿色技术创新与城市绿色发展之间的关系。结果表明，数字经济发展不仅直接促进绿色技术创新水平的提高，还能通过提升绿色技术创新间接促进城市绿色发展。但这一过程存在一定差异性，其中，东部地区和中部地区城市数字经济发展提高了绿色技术创新水平，并且通过绿色技术创新来实现城市绿色发展；西部地区数字经济发展虽然能够有效提升绿色技术创新水平，但是却无法通过绿色技术创新来实现城市绿色发展。这些结论显示，中国区域间碳排放强度差异的深层次原因是资源配置效率以及产业结构差异。在“碳达峰”“碳中和”目标下，应进一步推动不同区域数字经济发展的深度和广度，从而在推动实体经济高效发展的过程中实现城市绿色发展。

第七章　总结

第一节　研究结论

在新一轮科技革命深入推进的背景下，数字经济的蓬勃兴起为中国城市绿色发展注入了新动能、新活力和新技术。本书对数字经济这一核心概念进行了严格界定，论述了数字经济在世界范围内的发展历程及其现阶段所面临的挑战，讨论了数字经济带来的新技术、数字经济改变组织形式、数字经济颠覆商业模式，深入挖掘数字经济的绿色价值和发展理念，描述了数字经济与城市绿色发展深度融合的理论、现状与问题，从学理上揭示了数字经济赋能城市绿色发展的理论机制，运用主成分分析法、熵值分析法、SBM-GML指数科学测度了中国数字经济发展水平和城市绿色发展水平两项指标。在明晰数字经济对城市绿色发展影响的理论机制基础之上，运用经典的计量经济学理论，实证检验数字经济对城市绿色发展的影响，并探究绿色技术创新的中介效应机制。总体上，本书通过研究获得以下主要结论：

第一，城市是融经济、政治、文化、社会和生态发展为一体的综合有机体，其不仅是现代文明的标志，还是推进低碳经济转型、推动经济社会高质量发展的重要空间和行动单元。促进城市生态环境保护和高质量发展是国家的重大战略，城市绿色发展是为了能够满足民众对美好生活的需要，城市绿色发展总体上能够惠及改善城市空气环境质量、确保城市居民日常饮水安全和促进区域之间协调发展。

第二，数字经济是影响城市绿色发展的重要因素之一，当数字经济发展水平提高时，城市环境质量也相应得到提升，因而数字经济对城市绿色发展的影响主要为正。同时，以数字经济作为生产要素还有利于实现绿色技术创新的自我进化机制，有利于提升城市绿色技术创新水平，而城市绿色技术创新通过提升生产效率来降低城市资源损耗，从而对城市绿色发展具有积极影响。

第三，在观测期内，中国城市数字经济年平均发展水平具有递增的趋势，不同区域之间的城市数字经济发展水平具有异质性特征，除了东部沿海地区，我国中部、西部地区数字经济发展水平还比较低。当前，中部、西部地区大部分产业还未完成数字化转型，覆盖全流程、全产业链、全生命周期的数据链还有待构建，产业数字化转型步伐缓慢，这些对于实现城市绿色发展而言是不利的。

第四，在观测期内，中国城市绿色发展效率呈现出递增的发展态势，不同区域之间的城市绿色发展效率也是如此。中国城市绿色发展效率有了较大提升，城市传统产业对环境污染的程度也在不断降低，这为中国城市生态环境健康、持续、高效发展提供了基本条件和必要保障。值得注意的是，中国城市绿色发展还存在“产业低碳化转型缺乏技术支撑”“产业能源消费结构不合理”“产业能源利用效率有待提高”等突出问题。

第五，数字经济显著提高了城市绿色发展水平，已成为城市绿色化转型的关键推动力，在控制城市系列因素、替换被解释变量、变换不同方法和处理内生性后，该结论依然成立。未来一段时期内，中国应增强数字技术创新能力，优化数字中国建设整体布局，加快传统产业数字渗透，推进企业数字化转型，提高企业交易效率和资源配置效率，以更好地引领城市绿色发展，从而助力实现“双碳”目标。

第六，绿色技术创新是数字经济影响城市绿色发展水平的重要机制变量，数字经济发展能够有效提升绿色技术创新，进而能够有利于提高城市绿色发展效率。数字经济发展能够有效促进产业、行业、企业、政府数字化程度，在提升资源配置效率的过程中，有效抑制城市环境污染，进而通过提高绿色技术创新水平来赋能城市绿色发展。因此，通过数字技术来提升城市绿色技术创新水平是助力实现“双碳”目标的主要途径和手段。

第二节　数字经济赋能城市绿色发展的政策建议

数字经济现已成为中国十分重要发展战略之一。同时，中国目前仍没有实现经济增长与环境的协同发展，在经济发展过程中存在的短板依然十分明显。所以，结合本书所得到的结论，未来应利用好数字经济赋能城市绿色发展的积极效应，持续推动中国城市绿色转型发展。

一　全面推进数字中国建设，探索绿色经济协调发展新路径

牢固树立城市绿色发展科学理念，顺应数字化发展趋势，在促进经济绿色转型、实现“双碳”目标上进行新的探索和尝试，围绕制造强国、质量强国、网络强国、数字中国等国家战略，推动数字技术与生产、流通、消费等服务领域的全面融合。科学制定数字经济赋能城市绿色发展战略规划，科学的理念和规划是引领城市绿色发展的方向，是城市绿色发展的首要前提条件。因此，要推动城市绿色发展就需要增强城市发展模式的可持续性、包容性和韧性，通过多种渠道向社会传递环保、低碳的理念，建立数字经济发展与城市生态环境保护之间的密切联系，让公众真正理解绿色发展对社会经济可持续发展的作用和价值，并使其重视和实践绿色、可持续的理念，以此推动城市绿色发展。

实现“双碳”目标，离不开各行各业的共同努力，而数字经济

无疑是关键的发力点。当前，互联网、大数据、区块链、人工智能、第五代移动通信（5G）等新兴技术与各行业加速融合，日益成为经济社会发展的“数字底座”。我国需要紧抓新一轮科技革命和产业变革的机遇，推动数字经济与绿色经济协同发展，推动物联网、云计算、大数据、人工智能、区块链等新兴技术与绿色低碳产业深度融合，借助云计算技术及数据挖掘等相关数字技术，精准识别、及时追踪新发生的生态环境问题，促进数字基础设施提能节效，建设绿色制造体系和服务体系，提高绿色低碳产业在经济总量中的占比，从而为进一步健全生态环境治理体系以及提升生态环境治理能力提供新的路径和方法。

信息技术作为一种“通用技术”能够深度赋能传统行业的数字化和低碳化改造，促进企业工艺、产品、组织变革，发挥数字知识和技术外溢性、共享性等特点，突破时空障碍在全球范围内学习新技术和新知识，优化传统的产业生产方式、供应链和价值链，提升数字技术在提高能源和资源的使用效率，促进可再生能源的开发利用，提高全社会产品和服务生产、销售和消费效率，助力电力、交通、制造、建筑等相关行业通过智能网联、企业上云等方式进行绿色供应链管理，在实现提质增效的同时减少生产过程中的能源消耗，从而为城市绿色发展提供有效支撑。

有效发挥中心城市和城市群的数字产业核心竞争力，因地制宜促进不同地区数字经济差异化发展，持续释放数字经济在城市绿色发展中的潜在能力。一方面，大力完善先进城市数字经济发展的各种软硬件设施，推动数字经济向组织、采购、生产、交换、消费等环节逐步渗透，引领组织、采购、生产、交换、消费等环节的全方位数字化变革，充分释放城市群中心城市对外围城市的辐射带动效应，有效带动外围城市内部产业、行业、企业等加快数字化转型步伐。另一方面，充分利用长三角、珠三角、京津冀等地区所具有的资金、科技、人才、信息等相关优势，以产业结构升级与空间结构优化为主要途径，打造具有国际竞争力的数字经济产业集群，持续推动中部、西部地区数字消费模式创新和数据要素快速流通发展，加快数字经济引领下的资源有效配置与绿色协同发展。

二 提升数字技术创新能力，塑造数字经济赋能绿色发展新优势

实现数字经济赋能城市绿色发展需要着力于提升数字技术创新能力、推动企业数字化转型、加速传统产业数字渗透等，从而培育城市绿色发展的新思路、新动能以及新优势。强有力的数字技术创新能力是推动数字经济快速发展的动力源泉。为此，应进一步树立以市场为导向的基本意识，以“低消耗、高效率、少污染”为基本原则，最大限度发挥出企业为主导的能动性，释放数字经济各主体突破“瓶颈”技术的潜力，提高数字经济与实体产业之间的融合程度，鼓励数据中心在布局优化、技术创新、绿电直购、储能及梯次利用等领域开展探索，围绕人工智能、物联网、区块链等新技术的全生命周期，提升数字产业在城市绿色发展过程中的数字科技含量。

充分发挥数字技术在城市绿色发展中的积极作用，强化以数字企业为主体的科技创新能力，加强核心数字新兴技术供给和加快绿色技术创新的整体布局，围绕提升企业数字化转型进行核心“瓶颈”技术和产品的突破，鼓励数字企业参与各项创新活动，引导数字企业积极参与到不同产业链、供应链中的技术研发过程，依靠数字产业联盟和数字行业协会等组织来推动企业展开多部门、多层次、多领域的协同合作，有效提升数字技术创新效能。探索数字技术创新与数字知识成果转化的规范化、集约化以及高效化，专精于数字技术研发，有效推动企业管理模式、商业形态、产品服务等数字化、智能化、绿色化转型，利用独特的数字技术创新来为企业发展获取先发优势，深入推进数字经济在新能源开发、清洁技术、绿色制造等领域的融合发展，以此为提高城市绿色发展效率提供强大的数字产业的自主创新能力。

强化数字经济发展的人才储备，建设一支高素质的数字经济科

技创新人才队伍。数字经济新兴技术发展不仅需要大量资金和政策的支持，同时也需要相应的人力资本积累，而且是长期的人力资本积累，只要在资金、人才、政策等多个方面的共同作用下，数字经济与城市绿色发展才能更好地实现深度融合，因而进一步加大新兴数字技术开发方面的人才培养和投入力度刻不容缓。中国城市绿色发展的一个重要途径就是培养相应的数字经济人才，储备数字经济人才可以帮助数字经济企业在技术高速迭代、市场环境不断变化、竞争日趋白热化的条件下拥有持续创新的能力，中国政府部门应该出台更多的优惠政策来吸引、培养、留住人才，从而为加速数字经济发展保驾护航。与此同时，中国政府部门应该完善对于数字经济人才的管理和培养机制，借助优质科研、创新平台、重大科研项目等广纳贤士，出台住房、租房、公共交通补贴等优惠政策，增大对数字经济专业型、科技型、应用型人才的优惠补贴力度，针对不同层次的人才，需要有针对性地进行培养，注重数字技术研发能力与数字技术实践应用能力的同步推进。

三 推动传统产业数字化，培育数字经济赋能绿色发展新动能

促进城市绿色发展离不开构建一个绿色产业体系，政府要进一步加强城市绿色产业发展体系建设。同时，通过运用数字技术和传统产业融合来不断拓展数字经济在新能源开发、清洁生产技术和绿色制造等方面的应用，推动产业高效、绿色、可持续发展，搭建一个产业链上、下游企业数字化转型的平台，以数字技术引导企业创新体系建设和创新资源积累，制定符合中国城市绿色发展的产业转型策略，持续优化产品和服务质量，加速传统产业数字渗透，有效促进传统产业高质量发展。针对农业、工业、交通、能源等不同产业性质和发展特征，以促进产业数字化为主要抓手，加快数字技术创新应用，探索更加绿色的“数字+”发展模式和可行路径，促进数字经济和三次产业之间的有效融合，引导绿色生产要素不断向资源节约、环境优化的新兴产业集聚，充分发挥数字经济对产业结构的优化效应，促进产业资源配置效率不断提升，从而有效助力传统

产业、行业、企业不断向数字化、高效化和绿色化方向转型发展。

推动城市绿色可持续发展，必须提高企业对数字经济和数字技术的重视程度，必须做好企业对自身数字化转型发展的具体总体管理和规划，鼓励企业运用数字技术改造传统产业并在生产制造核心环节中充分发挥数据要素的优势，实现对生产全过程的智能控制、自动生产与实时监测，面向城市更新需求，重点推动能源、交通、物流等传统基础设施数字化转型。优化新能源终端布局，强化数字基础设施的绿色低碳导向，大力发展储能技术，实现清洁能源替代化石能源的低碳发展，有效减少企业生产过程中的能源损耗，从而推动中国城市产业结构进一步调整、优化和升级，使城市绿色发展理念持续深入、贯穿到中国企业发展过程之中，健全促进数字基础设施产业使用可再生能源的激励机制，让绿色产业发展更加符合市场运行的经济规律，提高产业发展对城市绿色经济效率提升的整体势能，从而使中国城市绿色发展更为有序、规范、稳健。与此同时，提高企业对数字经济的认知程度，并将数字技术应用到企业生产过程之中，以期实现对生产各个环节的实时监测和智能控制，从而在更大范围、更高层次上实现精准分工、精准协作和精准生产，不断丰富数字经济在企业数字化转型过程中的应用场景，在促进企业生产效率提高的同时最大限度地缩减企业生产投入成本，全面降低企业生产能耗。

城市绿色发展的有效途径是促进产业循环可持续发展，特别是有效促进城市绿色产业发展。一方面，结合各个城市的产业资源禀赋与区位潜在比较优势，将城市绿色产业循环发展纳入城市产业发展规划当中，充分把握数字经济与城市绿色发展之间的发展态势，大力支持城市绿色产业领域的发展，以数字技术的创新和发展作为绿色产业发展的动力，注重研究和开发绿色的数字技术，在实践中注重技术工艺、生产流程、机械设备的更新换代，引导企业利用数字技术对传统产业进行全链条、全领域、全方位的改造，促进数字经济与城市绿色产业的充分融合，深度激发各类产业内部企业对绿色经济的重视程度，打造城市绿色发展的数字基础底座，实现数字经济与绿色产业的高质量协同发展。另一方面，依托“中国制造2025”的战略发展机遇，促进云计算、大数据、物联网与研发、销售、管理深度融合，助推城市企业在数字技术、人工智能、智能制造方面转型升级，从而实现“企业信息化”到“信息化企业”的转变，促进绿色产业与绿色城市建设协同发展，形成产业经济绿色循环发展的良好态势，加快推进数字经济与城市绿色协调发展。

四 推进政府数字化转型，拓宽数字经济赋能绿色发展新空间

数字技术发展能够打破时空界限，由此能使不同地理位置、不同发展类型、不同经济水平的城市可以共享数字经济带来的绿色效益，遏制区域间“数字鸿沟”不断扩大所造成的负面影响，从而推动中国城市实现高效率、高水平和高质量发展。应大力推动和倡导政府数字化转型，增加地方政府统筹数字经济发展以及城市绿色发展的能力，优化数字经济在促进城市绿色发展过程中的顶层设计，明确中国城市绿色发展的目标和方向，充分强调人本化、数字化、生态化和便利化的政府公共服务价值导向，面向健康医疗、交通出行、文化教育等领域开展标准化、均等化、智慧化的全方位服务场景应用，进一步推动政府数字化治理手段、模式、理念创新，将城市绿色生产与环境保护水平、人民生活环境改善关联起来，持续加大涵盖教育医疗、康养保健、交通物流等数字配套的公共服务支撑，实现政府公共管理数据及时、完整归集和共享，为地区各行各业绿色转型发展提供强力支持。

推进政府数字化转型，需要借助数字经济在民生领域的先行以及先发优势。依托大数据、云平台、云共享等数字化平台引导企业、公民对城市绿色建设的积极性，找准绿色城市发展过程中的难点、痛点与堵点，建立城市绿色发展和考核的评价标准体系，增强地方政府、企业、公民的环境保护意识，进一步拓宽数字政府场景的覆盖范围，为数字经济促进城市绿色发展提供科学、合理、可行性方案，通过促进政府数字化转型不仅能增强地方政府和企业对加

强城市绿色建设、提高城市绿色发展效率、保护城市生态环境的积极性，而且还能够为各行为主体提供精细化的行为指导，助推全民都参与到城市绿色发展的过程中来，发挥民众在治理城市生态环境过程中的积极作用和主观能动性，尽可能地扩大文娱消费、物业管理、家政服务、垃圾处理等生活服务领域的智能化、精准化消费新模式，从而提高城市生态环境承载能力和绿色全要素生产率。

聚焦政府数字化转型治理的各个方面和各个领域，推动公共数据与社会数据融合应用，充分依托数字经济平台融合创新的发展优势，将数字经济优势转化为政府社会治理效能，积极探索远程监管、移动监管等灵活管理的政务模式，构建数字化政务服务新系统、新体系，赋能绿色城市建设的系统合力。协同推进城市政务一体化智慧管理平台以及公共环境突发事件应急处置常态化建设，深化 BIM 技术在建筑运营、城市基础设施和城市管理等方面的应用，加强对地表水、大气、土壤等城市生态环境保护数据的获取、分析和研判，打造数据要素和应用场景驱动的智慧政府数字化转型体系，推动城市绿色发展数据收集的体系化、运行制度的协同化、管理模式的智能化，实现城市绿色发展的"高赋能、强监管、全覆盖"。数字经济产业具有"高投入、长周期、高风险、轻资产"的特点，因而需要强化数字经济产业发展的财税政策的乘数效应，需要对与数字经济产业发展相关的领域给予适当的税收优惠和减免，通过财税政策的导向性和带动性来撬动更大规模的社会资本进入数字经济产业领域，有效引导社会资本要素向资源节约、环境友好的数字经济产业流动，从而实现政府、企业和公众、在资金、人才、技术等方面的互通，从而多级赋能城市绿色发展。

五　加快新型基础设施建设，引领数字经济赋能绿色发展新未来

伴随数字经济发展的新模式、新业态不断涌现，现有的数字经济基础设施已经无法满足数字经济发展需要，而新型数字基础设施建设的滞后性，以及数字产业本身所具有的碳排放属性，无疑会对

城市绿色发展造成不利影响。为此，应高标准、高起点、严要求地推动5G通信、大数据、工业互联网、人工智能、数据中心等基于数字技术端的新型基础设施建设，建构以互联网、云计算、人工智能等为代表的高速、移动、安全的新一代信息基础设施，通过数字技术升级减少高带宽、高流量、高发射功率所造成的能源损耗，规范处理数字经济相关的老旧设备，规范城市绿色资源的数字标识，提供城市绿色资源全面AIoT化（人工智能+物联网）的统一规范，实现数字经济与城市环境保护的精准交互，避免对城市生态环境造成污染。

集成发展新一代感知、网络、算力等数字基础设施，构建完善的“城市神经元系统”，围绕生活、产业、城市需求，推动视频图像、监测传感、控制执行等智能终端的科学部署，实现地上、地下、空中、水域立体覆盖，充分释放新型基础设施建设对城市绿色发展的积极作用。建设立体高速信息网络，推动5G通信技术与传统产业的融合发展，以5G、千兆光纤、卫星互联网等建设为基础，加大5G网络和量子通信等创新投入，持续提升千兆光纤网络服务能级，持续提升“双千兆”网络能力，加快构建天地一体化覆盖的数字城市信息网络体系。科学设置不同类型层级平台用户的无缝接入，加快形成网络覆盖领域更大、运行速度畅通、连接终端广泛的“人、物、机”互联、互动、互用新图景，不断提高数字资源之间的交互效果，从而实现对城市绿色发展的精准赋能。

科学有序推进新型基础设施建设，推动数据中心存算一体集约化布局，加快构建医疗、教育、交通、金融等数据密集型行业的一体化大数据中心体系，积极探索数字技术对于传统信息基础设施建设的模式改造，提升新型基础设施的长效供给质量和运行效率，积极建设超大型数据中心、大中型数据中心和边缘数据中心组合的高性能协同计算生态，集成数据汇聚、数据处理、数据交换等多种工具，规范和提升行业数据对城市绿色发展的治理效能，强化数据要素对城市绿色发展的赋能。全面把握新型基础设施发展特征，鼓励通信运营商加强数字技术研发协作，采用政府引导、企业主导、民众参与相结合的方式重构更加高效、绿色、智能的服务供给模式，确保新型基础设施项目建成后能促进城市绿色发展效率大幅提升。

第三节　未来展望

本书在借鉴内生经济增长理论、可持续发展理论、绿色经济理论、统计学、计量经济学等基础上，揭示了数字经济赋能城市绿色发展的理论机制，通过构建数字经济和城市绿色发展水平综合评价指标体系，并利用主成分分析法、熵值赋权法、非径向 SBM-GML 指数分析法等测度了中国 276 个城市 2011—2019 年数字经济和绿色发展水平，定量研究了数字经济对城市绿色发展的影响效应，揭示了数字经济通过绿色技术创新对城市绿色发展的作用程度及其大小。当前，无论是学术界还是实务界，对于城市绿色发展的研究仍有待进一步深化，本书认为未来仍可以聚焦如下三个方面展开相应的研究。

第一，进一步深化城市绿色发展水平评价指标体系。本书基于发展基础、发展质量、治污能力、发展动力和绿色环境等方面，构建了城市绿色发展水平的综合评价指标体系。但是，城市绿色发展具有系统性、综合性、复杂性特征，因此，如何科学、全面地构建适合城市绿色发展水平的综合评价指标体系是未来研究需要进一步深化的。

第二，城市绿色发展的影响因素研究有待拓展。本书主要将数字经济、绿色技术创新纳入一个统一的理论分析框架进行考虑分析，通过构建包含数字经济发展的四部门内生经济增长模型，逐一揭示了数字经济、绿色技术创新对城市绿色发展的理论影响机理。但是，影响城市绿色发展水平的因素远不止这些。所以，未来研究可以进一步深化。

第三，持续推动数字经济赋能城市绿色发展研究方法的多元化。本书研究基于中国 2011—2019 年 276 个城市数字经济、绿色技术创新、金融发展、人力资本、政府支出、产业结构升级、对外开放等指标，探究了数字经济影响城市绿色发展水平的作用方向和效应大小。本书主要运用的是统计学、数理经济学、计量经济学等方法对城市绿色发展状况进行研究，未来可以进一步引入如空间经济学等方法来深化该领域的研究，从而使城市绿色发展研究更为深入。

参考文献

一　中文文献

蔡玲、汪萍：《数字经济与城市绿色全要素生产率：影响机制与经验证据》，《统计与决策》2022年第9期。

蔡跃洲：《数字经济的增加值及贡献度测算：历史沿革、理论基础与方法框架》，《求是学刊》2018年第5期。

钞小静、薛志欣、王宸威：《中国新经济的逻辑、综合测度及区域差异研究》，《数量经济技术经济研究》2021年第10期。

陈超凡：《中国工业绿色全要素生产率及其影响因素——基于ML生产率指数及动态面板模型的实证研究》，《统计研究》2016年第3期。

陈向阳：《环境库兹涅茨曲线的理论与实证研究》，《中国经济问题》2015年第3期。

陈晓东、杨晓霞：《数字经济发展对产业结构升级的影响——基于灰关联熵与耗散结构理论的研究》，《改革》2021年第3期。

陈晓红：《数字经济时代的技术融合与应用创新趋势分析》，《中南大学学报》（社会科学版）2018年第5期。

程文先、钱学锋：《数字经济与中国工业绿色全要素生产率增长》，《经济问题探索》2021年第8期。

戴翔、杨双至：《数字赋能、数字投入来源与制造业绿色化转型》，《中国工业经济》2022年第9期。

邓翔、玉国华：《金融结构转型与收入分配优化》，《经济理论与经济管理》2020年第9期。

丁志帆:《数字经济驱动经济高质量发展的机制研究:一个理论分析框架》,《现代经济探讨》2020 年第 1 期。

范欣、尹秋舒:《数字金融提升了绿色全要素生产率吗?》,《山西大学学报》(哲学社会科学版)2021 年第 4 期。

傅京燕、胡瑾、曹翔:《不同来源 FDI、环境规制与绿色全要素生产率》,《国际贸易问题》2018 年第 7 期。

高宏霞、杨林、付海东:《中国各省经济增长与环境污染关系的研究与预测——基于环境库兹涅茨曲线的实证分析》,《经济学动态》2012 年第 1 期。

葛和平、吴福象:《数字经济赋能经济高质量发展:理论机制与经验证据》,《南京社会科学》2021 年第 1 期。

耿子健、蔺丹:《数字经济、技术创新与绿色全要素生产率》,《现代管理科学》2022 年第 6 期。

郭炳南、王宇、张浩:《数字经济、绿色技术创新与产业结构升级——来自中国 282 个城市的经验证据》,《兰州学刊》2022 年第 2 期。

何帆、刘红霞:《数字经济视角下实体企业数字化变革的业绩提升效应评估》,《改革》2019 年第 4 期。

胡士华、黄天鉴、王楷:《数字经济与绿色经济协同发展:时空分异、动态演进与收敛特征》,《现代财经(天津财经大学学报)》2022 年第 9 期。

胡雯:《中国数字经济发展回顾与展望》,《网信军民融合》2018 年第 6 期。

胡艳、王艺源、唐睿:《数字经济对产业结构升级的影响》,《统计与决策》2021 年第 17 期。

姜松、孙玉鑫:《数字经济对实体经济影响效应的实证研究》,《科研管理》2020 年第 5 期。

焦勇:《数字经济赋能制造业转型:从价值重塑到价值创造》,《经济学家》2020 年第 6 期。

荆文君、孙宝文：《数字经济促进经济高质量发展：一个理论分析框架》，《经济学家》2019 年第 2 期。

康铁祥：《中国数字经济规模测算研究》，《当代财经》2008 年第 3 期。

李斌、彭星、欧阳铭珂：《环境规制、绿色全要素生产率与中国工业发展方式转变——基于 36 个工业行业数据的实证研究》，《中国工业经济》2013 年第 4 期。

李辉：《大数据推动我国经济高质量发展的理论机理、实践基础与政策选择》，《经济学家》2019 年第 3 期。

李俊江、何枭吟：《美国数字经济探析》，《经济与管理研究》2005 年第 7 期。

李玲、陶锋：《中国制造业最优环境规制强度的选择——基于绿色全要素生产率的视角》，《中国工业经济》2012 年第 5 期。

李鹏升、陈艳莹：《环境规制、企业议价能力和绿色全要素生产率》，《财贸经济》2019 年第 11 期。

李晓华：《数字经济新特征与数字经济新动能的形成机制》，《改革》2019 年第 11 期。

李长江：《关于数字经济内涵的初步探讨》，《电子政务》2017 年第 9 期。

李治国、车帅、王杰：《数字经济发展与产业结构转型升级——基于中国 275 个城市的异质性检验》，《广东财经大学学报》2021 年第 5 期。

林伯强、蒋竺均：《中国二氧化碳的环境库兹涅茨曲线预测及影响因素分析》，《管理世界》2009 年第 4 期。

林毅夫等：《金融结构与经济发展相关性的最新研究进展》，《金融监管研究》2012 年第 3 期。

林宇豪、陈英葵：《数字经济与产业结构升级——基于要素流动视角下的空间计量检验》，《商业经济研究》2020 年第 9 期。

刘军、杨渊鋆、张三峰：《中国数字经济测度与驱动因素研究》,《上海经济研究》2020年第6期。

刘淑春:《中国数字经济高质量发展的靶向路径与政策供给》,《经济学家》2019年第6期。

陆小莉、刘强、孙慧慧:《中国数字化产业竞争力的区域差异与影响效应》,《经济与管理研究》2021年第4期。

马青、傅强:《产业绿色转型与污染溢出:基于环境库兹涅茨曲线的时空检验》,《统计与决策》2022年第12期。

逄健、朱欣民:《国外数字经济发展趋势与数字经济国家发展战略》,《科技进步与对策》2013年第8期。

裴长洪、倪江飞、李越:《数字经济的政治经济学分析》,《财贸经济》2018年第9期。

彭水军、包群:《经济增长与环境污染——环境库兹涅茨曲线假说的中国检验》,《财经问题研究》2006年第8期。

戚聿东、肖旭:《数字经济时代的企业管理变革》,《管理世界》2020年第6期。

齐英瑛、邓翔、任崇强:《贸易开放、环境规制与城市绿色发展效率——来自中国2010—2018年282个城市的证据》,《经济问题探索》2022年第5期。

史丹:《数字经济条件下产业发展趋势的演变》,《中国工业经济》2022年第11期。

孙英杰、林春:《试论环境规制与中国经济增长质量提升——基于环境库兹涅茨倒U型曲线》,《上海经济研究》2018年第3期。

田秀娟、李睿:《数字技术赋能实体经济转型发展——基于熊彼特内生增长理论的分析框架》,《管理世界》2022年第5期。

王兵、刘光天:《节能减排与中国绿色经济增长——基于全要素生产率的视角》,《中国工业经济》2015年第5期。

王娟娟、佘干军:《我国数字经济发展水平测度与区域比较》,《中国流通经济》2021年第8期。

王娟:《数字经济驱动经济高质量发展:要素配置和战略选

择》，《宁夏社会科学》2019 年第 5 期。

王开科、吴国兵、章贵军：《数字经济发展改善了生产效率吗》，《经济学家》2020 年第 10 期。

王凯：《数字经济、资源配置与产业结构优化升级》，《金融与经济》2021 年第 4 期。

王立新、孙梦婷：《中国 31 省份数字经济发展水平测算研究》，《经济论坛》2023 年第 2 期。

王文：《数字经济时代下工业智能化促进了高质量就业吗》，《经济学家》2020 年第 4 期。

韦施威、杜金岷、潘爽：《数字经济如何促进绿色创新——来自中国城市的经验证据》，《财经论丛》2022 年第 11 期。

魏丽莉、侯宇琦：《数字经济对中国城市绿色发展的影响作用研究》，《数量经济技术经济研究》2022 年第 8 期。

向书坚、吴文君：《中国数字经济卫星账户框架设计研究》，《统计研究》2019 年第 10 期。

徐阳洋、陆岷峰：《关于商业银行数字化转型模式实践与创新路径的研究——基于近年来部分 A 股上市银行年报分析》，《西南金融》2022 年第 8 期。

许广月、宋德勇：《中国碳排放环境库兹涅茨曲线的实证研究——基于省域面板数据》，《中国工业经济》2010 年第 5 期。

许宪春、张美慧：《中国数字经济规模测算研究——基于国际比较的视角》，《中国工业经济》2020 年第 5 期。

杨开忠、范博凯、董亚宁：《空间品质、创新活力与中国城市生产率》，《经济管理》2022 年第 1 期。

杨孟阳、唐晓彬：《数字金融与经济高质量发展的耦合协调度评价》，《统计与决策》2023 年第 3 期。

殷宝庆：《环境规制与我国制造业绿色全要素生产率——基于国际垂直专业化视角的实证》，《中国人口·资源与环境》2012 年第 12 期。

尹子擘、孙习卿、邢茂源：《绿色金融发展对绿色全要素生产率的影响研究》,《统计与决策》2021年第3期。

余振、陈文涵：《中美数字产业竞争力：测算、比较以及启示》,《求是学刊》2022年第1期。

玉国华：《高铁开通、技术创新与经济空间均衡：一个三部门新经济地理模型的解释》,《经济问题探索》2022年第9期。

原毅军、谢荣辉：《FDI、环境规制与中国工业绿色全要素生产率增长——基于Luenberger指数的实证研究》,《国际贸易问题》2015年第8期。

张成思、张步昙：《中国实业投资率下降之谜：经济金融化视角》,《经济研究》2016年第12期。

张帆、施震凯、武戈：《数字经济与环境规制对绿色全要素生产率的影响》,《南京社会科学》2022年第6期。

张楷卉：《"十四五"时期数字经济与实体经济深度融合的创新机制》,《经济体制改革》2022年第4期。

张凌洁、马立平：《数字经济、产业结构升级与全要素生产率》,《统计与决策》2022年第3期。

张庆君、黄玲：《数字普惠金融、产业结构与经济高质量发展》,《江汉论坛》2021年第10期。

张腾、蒋伏心、韦朕韬：《数字经济能否成为促进我国经济高质量发展的新动能?》,《经济问题探索》2021年第1期。

张欣、董竹：《数字化转型与企业技术创新——机制识别、保障条件分析与异质性检验》,《经济评论》2023年第1期。

张英浩等：《数字经济水平对中国市域绿色全要素生产率的影响》,《经济地理》2022年第9期。

张玉、赵玉：《经济结构调整对雾霾污染的影响——基于联立空间面板环境库兹涅茨曲线的实证》,《生态经济》2020年第8期。

张圆：《城市数字经济对绿色全要素生产率的空间效应研究——理论机理与实证检验》,《经济体制改革》2022年第4期。

张蕴萍、董超、栾菁：《数字经济推动经济高质量发展的作用机制研究——基于省级面板数据的证据》，《济南大学学报》（社会科学版）2021 年第 5 期。

赵宸宇、王文春、李雪松：《数字化转型如何影响企业全要素生产率》，《财贸经济》2021 年第 7 期。

赵涛、张智、梁上坤：《数字经济、创业活跃度与高质量发展——来自中国城市的经验证据》，《管理世界》2020 年第 10 期。

赵西三：《数字经济驱动中国制造转型升级研究》，《中州学刊》2017 年第 12 期。

周磊、龚志民：《数字经济水平对城市绿色高质量发展的提升效应》，《经济地理》2022 年第 11 期。

周晓辉、刘莹莹、彭留英：《数字经济发展与绿色全要素生产率提高》，《上海经济研究》2021 年第 12 期。

朱贺、向书坚：《数字知识经济增加值核算研究》，《统计研究》2022 年第 1 期。

朱洁西、李俊江：《数字经济如何赋能城市绿色发展——基于区域创新产出和要素配置效率的视角》，《兰州学刊》2023 年第 1 期。

庄贵阳：《我国实现“双碳”目标面临的挑战及对策》，《人民论坛》2021 年第 18 期。

二　英文文献

Ambec S，Cohen M A，Elgie S，Lanoie P，“The Porter Hypothesis at 20：Can Environmental Regulation Enhance Innovation and Competitiveness?”，*Review of Environmental Economics Policy*，2013，Vol. 7，No. 1，pp. 2-22.

Chambers R G，Färe R，Grosskopf S，“Productivity Growth in APEC Countries”，*Pacific Economic Review*，1996，Vol. 1，No. 3：pp. 181-190.

Chung Y H，Fare R，Grosskopf S. “Productivity and Undesirable Outputs：A Directional Distance Function Approach”，*Journal of Envi-*

ronmental Management, 1995, Vol. 51, No. 3, pp. 229–240.

Dinda S, "Environmental Kuznets Curve Hypothesis: A Survey", *Ecological Economics*, 2004, Vol. 49, No. 4, pp. [illegible]–455.

Fare R, Grosskopf S, Norris M, ZhongYang [illegible]ang, "Productivity Growth, Technical Progress, and Efficiency Change in Industrialized Countries", *American Economic Review*, 1994, Vol. 84, No. 1, pp. 66–83.

Feng G H, Serletis A. "Undesirable Outputs and a Primal Divisia Productivity Index Based on the Directional Output Distance Function", *Journal of Econometrics*, 2014, Vol. 183, No. 1, pp. 135–146.

Hu J F, Wand Zhao, Lian Y H, Huang Q H, "Environmental Regulation, Foreign Direct Investment and Green Technological Progress—Evidence from Chinese Manufacturing Industries", *International Journal of Environmental Research and Public Health*, 2018, Vol. 15, No. 2, pp. 221–235.

Kaneko S, Managi S, "Environmental Productivity in China", *Economics Bulletin*, 2004, Vol. 17, No. 2, pp. 1–10.

Kuznets S, "Economic Growth and Income Inequality", *The American Economic Review*, 1995, No. 45, pp. 1–28.

Lee J W, "The Contribution of Foreign Direct Investment to Clean Energy Use, Carbon Emissions and Economic Growth", *Energy Policy*, 2013, Vol. 55, No. 1, pp. 483–489.

Pan Y, Adams B L, Olson T, Panayotou N, "Grain-boundary Structure Effects on Intergranular Stress Corrosion Cracking of Alloy X-750", Acta Materialia, 1996, Vol. 44, No. 12, pp. 4685–4695.

Preacher K J, Hayes A F, "Asymptotic and Resampling Strategies for Assessing and Comparing Indirect Effects in Multiple Mediator Models", *Behavior Research Methods*, 2008, Vol. 40, No. 3, pp. 879–891.

Ramanathan R, “An Analysis of Energy Consumption and Carbon Dioxide Emissions in Countries of the Middle East and North Africa”, *Energy*, 2005, Vol. 3[illegible], No. 15, pp. 2831-2842.

Selden T M, Song D, “Environmental Quality and Development: Is There a Kuznets Curve for Air Pollution Emissions?”, *Journal of Environmental Economics & Management*, 1994, Vol. 27, No. 2, pp. 147-162.

Shahbaz M, Nasreen S, Abbas F, Anis O, “Does Foreign Direct Investment Impede Environmental Quality in High-, Middle-, and Low-income Countries?”, *Energy Economics*, 2015, Vol. 51, pp. 275-287.

Stern D I, Common M S, Barbier E B, “Economic Growth and Environmental Degradation: The Environmental Kuznets Curve and Sustainable Development”, *World Development*, 1996, Vol. 24, No. 7, pp. 1151-1160.

Tapscott D, *The Digital Economy: Promise and Peril in the Age of Networked Intelligence*, New York: McGra H-Hill, 1996.

Watanabe M, Tanaka K, “Efficiency Analysis of Chinese Industry: A Directional Distance Function Approach”, *Energy Policy*, 2007, Vol. 35, No. 12, pp. 6323-6331.

后 记

在本书的撰写过程中，我们清晰地意识到数字经济对我国城市绿色发展的重大战略意义。数字经济是当前我国政府十分重视和倡导的经济发展形态，无论从政府的顶层设计还是从行业企业的未来发展路径来看，数字经济的影响已渗透到我国经济社会发展的各个方面，其给人们日常生活带来了诸多影响，为城市绿色发展提供了无限机遇。有鉴于此，本书从多角度探讨数字经济发展趋势、社会效应与面临的挑战，细致研究了数字经济发展现状，揭示了数字经济对城市绿色发展的理论机制，期望能够为我国数字经济与城市绿色可持续发展提供一些理论和经验的支撑。

中国正处于开启全面建设社会主义现代化国家新征程的重要历史时期，为了建成社会主义现代化强国、实现中华民族伟大复兴这一中华民族的最高利益和根本利益，我们党在不懈探索实践中确立了“两个一百年”奋斗目标，明确了新时代中国特色社会主义发展的战略安排。当前，世界仍然面临着日益强化的资源环境约束，倡导绿色发展，坚持生态环境保护与资源高效利用是世界各国的共同选择，也是我国实现“双碳”目标的重要价值取向。本书聚焦数字经济与城市绿色发展，本质上是探讨人与自然的和谐可持续发展，核心是实现社会经济进步、资源高效利用与生态环境保护，这对于构建以生态价值观为准则的生态文化体系而言具有一定的指导意义。

当然，作为一个新生事物，数字经济在中国的发展仍然存在很多不完善之处，加上笔者研究能力和水平的限制，难免会对“双碳”目标下数字经济赋能城市绿色发展这一研究议题把握不准、判断不足、分析不深。因此，需要各界同仁一起来为数字经济赋能城市绿色发展提供更多的研究思路、研究方法和独特观点，通过不断探索数字经济这一拥有广阔发展前景的新型经济形态，来进一步推动城市经济社会的绿色化发展进程，缓解我国日益紧张的资源环境压力。我们十分期待看到这一领域的丰硕成果！